JN241470

中华人民共和国成立70周年
The 70th Anniversary of the Founding of
The People's Republic of China

人民日報駐日本記者 現地取材報告集

日本各界が感動した
新中国70年の発展成果

温故創新

劉軍国 著

日中翻訳学院 冨江梓 ほか 訳

日本僑報社

序

今年是中华人民共和国成立70周年。70年来，中国人民在中国共产党的领导下团结奋斗、砥砺前行，实现了新中国由站起来、富起来到强起来的历史性飞跃。中国从积贫积弱迈向繁荣富强，不仅一跃成为世界第二大经济体，也成为世界经济增长的动力之源、稳定之锚；从温饱不足迈向全面小康，人民群众生活发生翻天覆地变化，获得感、幸福感不断提升。70年来，中国在实现自身发展的同时展现出应有的担当和作为，"一带一路"倡议受到广泛响应，构建人类命运共同体贡献中国智慧，国际影响力和认同感持续增强。

中日互为重要近邻。中日关系保持长期健康稳定发展，不仅符合两国和两国人民根本利益，也对地区乃至世界繁荣稳定具有重要影响。当前，中日两国和中日关系都站在新的历史起点上，面临重要发展机遇。不久前，习近平主席在二十国集团领导人大阪峰会期间同安倍首相举行会晤，双方一致确认要构建契合新时代要求的中日关系，为今后两国关系发展指明了方向。新形势下，双方应抓住历史机遇，共同努力，推动两国关系迈上新台阶。

为庆祝中华人民共和国成立70周年，增进中日两国民众相互理解和友好感情，《人民日报》东京记者站首席记者刘军国先生将近几年发表的文章汇集成书。希望读者朋友通过此书，通过日本各界友人的视角，全方位了解新中国70年来特别是改革开放以来的巨大变化，体会中国上下五千年的悠久历史和文化底蕴。希望更多日本朋友到中国观光、访问，结交更多中国朋友，并把访华期间的所见所闻、所思所感与朋友和家人分享，让更多的日本朋友认知一个真实的中国，用自己的实际行动为中日关系注入正能量。

中华人民共和国驻日本国特命全权大使 **孔铉佑**

2019年9月

序　文

今年は中華人民共和国成立70周年に当たります。この70年来、中国人民は中国共産党の指導のもと団結奮闘し、前進し続けてきました。新中国が起こってから豊かになり、そして強くなるまでの歴史的飛躍を成し遂げたのです。中国は貧しく弱い国家から強大で繁栄した国家を目指し、一躍、世界第二の経済大国となっただけでなく、世界の経済成長の原動力となり、安定した錨（いかり）となりました。衣食の足りない段階から小康（ややゆとりのあること）の全面的実現を目指し、人々の生活はきわめて大きく変化して、満足感や幸福感の度合いが絶えず向上してきました。70年来、中国は自らの発展の実現とともに、しかるべき任務と成果を示してきました。「一帯一路」の提案は幅広い支持を受け、人類運命共同体の構築に中国の知恵で貢献し、国際的な影響力と共感が高まり続けているのです。

中日両国は互いに重要な隣国です。中日関係を長く健全で安定的に発展させることは、両国と両国民の基本的な利益にかなうだけでなく、地域ひいては世界の繁栄と安定に重要な影響力を持っています。目下、中日両国と中日関係は新しい歴史のスタート地点に立ち、重要な発展のチャンスに臨んでいます。先ごろ、習近平国家主席は20カ国・地域（G20）首脳会議（大阪サミット）で安倍首相と会談し、双方は一致して新時代の要求にかなう中日関係を構築することを確認し、今後の両国関係発展のための方向性を示しました。新しい情勢のもと、双方は歴史のチャンスをつかみ、ともに努力し、両国関係を新しいレベルへと押し上げなければなりません。

中華人民共和国成立70周年を祝賀し、中日両国民の相互理解と友好を深めるため、「人民日報」駐日本首席記者の劉軍国さんが近年発表した文章をまとめて一冊の本にしました。読者の皆さんが本書を通じ、日本各界の友人の視点を通して新中国の70年、とりわけ改革開放以降の巨大な変化を全面的に理解され、中国五千年の悠久の歴史と文化を実感していただくよう願っています。そしてより多くの日本の友人が中国を訪問し、観光され、より多くの中国の友人と交流していただきたい。訪中の間に見聞したこと、感じたこと、考えたことをご家族やご友人と共有していただきたい。さらに多くの日本の友人に真実の中国を知ってもらい、ご自分の実際の行動をもって中日関係にプラスエネルギーを注ぎ込んでもらいたいと願っています。（日中翻訳学院訳）

中華人民共和国駐日本国特命全権大使 **孔鉉佑**

第二章　中国経済の発展

中国経済の発展は日本にとっても大きなチャンス

第三章　中日青年交流
「百聞は一見にしかず」若者はもっと中国に足を運ぼう

第四章 中日文化交流 魅力あふれる中国文化の世界

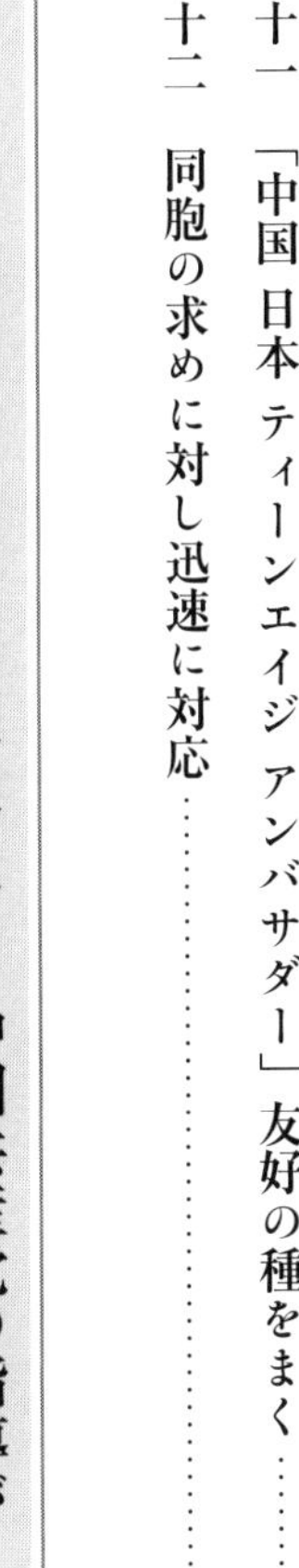

第五章
中国の発展道路
中国共産党の指導が成功のカギ

第六章

中国と世界の平和

中国が世界平和を維持する重要な役割を果たす

第一章

中日関係の要

人類運命共同体の構築に向けて

世界は中国の構想を知りたいと切望している

福田康夫　元首相

ボアオ・アジア・フォーラム前理事長　インタビュー

私はこの数年、毎年中国を訪問しボアオ・アジア・フォーラムに出席している。中国の国際的影響力の高まりに伴い、同フォーラムは世界が注目する国際会議になっている。毎年春になると、各国の政界や経済界のリーダーが海南省のボアオに集まり、中国の将来の発展に関するより多くの情報を入手しようと努め、協力を強化する道を共に検討する。二〇一〇年から二〇一八年にかけて、私は同フォーラムの理事長に就任し、「ボアオ・アジア・フォーラムに最も詳しい日本人」と呼ばれたが、中国の急速な発展の脈動を肌で感じることができ、非常に喜ばしく感じている。

習近平国家主席が二〇一八年の同フォーラムで行った基調講演では、二〇一七年の中国共産党第十九回全国代表大会の内容を受け継ぎ、改革深化・開放拡大について一歩進んだ詳述がされた。この素晴らしい講演は一度聞いただけでは核心を理解することは難しく、私は会場で拝聴しただけでなく講演原稿を何度も読み返した。中国が改革開放をさらに進めることは、日本経済界の将来に潤いをもたらすと確信している。

私は幸運にも習主席と何度も面会している。二〇〇七年一二月に首相として訪中し、中央政治局常務委員だった習主席に会ったが、誠実な人柄や真摯な姿勢という印象を強く受

2018年7月、東京の事務所で取材を受ける福田康夫元首相（右）

けた。会談の中で、習主席がいつも中国の将来の発展と国民の幸せを考えていると感じた。習主席がよく話す「空談誤国、実幹興邦（机上の空論は国の進路を誤る、実行こそが国を発展させる）」という言葉の通り、自身が卓越した実務政治家であるため、発言に信頼感や裏付けがあり、納得できるのだと思う。

世界は現在大きな発展・変革・調整の時期に当たり、世界は中国の構想を知りたいと切望している。習主席の著作『習近平国政運営を語る』から、全人類の将来の発展に着目する深遠なビジョンを理解することができる。私は習主席が提唱する人類運命共同体の構築という理念に賛同する。習主席は人類の未来発展に役立つ中国の智慧に貢献した。

二〇一八年は中国改革開放四十周年で日中平和友好

条約締結四十周年でもある。過去四十年間で、中国では天地を覆すような変化が起こり、国民の生活レベルは大きく向上した。日本のメディアが現在の中国とそこで起きている大きな変化についてもっと取り上げ、両国国民の相互理解が深まることを心から願う。

二　改革開放は前進を続ける偉大な航程

福田康夫　元首相

ボアオ・アジア・フォーラム前理事長　インタビュー

一九七八年一〇月、私は福田赳夫首相の秘書として、幸運にも訪日中の鄧小平氏と東京で会うことができた。鄧小平氏は慈悲深く、親しみやすい精力に満ちたご老人だった。鄧小平氏は首相と会談した後に各地を訪れ、新日鉄、日産、松下（当時）などの工場を見学した。それから程なくして中国共産党第十一期中央委員会第三回全体会議が開かれ、改革開放という偉大な決定が下された。

中国共産党が行ったこの政治決断は非常に賢明であった。改革開放がなければ、その後の急速な発展は難しかっただろう。私は一九八〇年代の初めに北京、西安、上海などを訪問したが、当時の中国はまだ非常に貧しく、いまとは全く違った。北京首都国際空港から市内までの道路は非常に狭く、両側は田畑だったことをはっきりと覚えている。農民が田畑で働く光景がありありと目に浮かぶ。

その後、中国を約三十回訪問した。中国を訪れる度に大きな変化とあふれる活力を実感する。中国の高速鉄道に二回乗ったが、ただ速いだけでなく車両の中が清潔で美しく快適であった。日本最初の新幹線は一九六四年に開通し、現在ようやく約三千キロまで延びたが、中国の高速鉄道はわずか十数年で総延長が二万五千キロを超えた。

二〇一八年四月のボアオ・アジア・フォーラム年次総会では、中国の発展が高速鉄道建設のようにスピーディーなことに多くの国のトップが驚嘆した。二〇〇〇年には中国の国内総生産（ＧＤＰ）は日本の約四分の一だったが、二〇一〇年には日本を抜いて世界第二の経済大国となり、ＧＤＰはいまでは日本のほぼ二・五倍だ。恐らく人類史上、中国のように急速な発展を遂げた国は他にないだろう。

中国の改革開放が大きな成功を収めた最も重要な要因は、中国共産党の力強く適切な指導の下、国民が国情に適した発展の道筋を見出し、刻苦勉励し、勤勉に働いたことにある。まさしく鄧小平氏が強調した「発展こそ確かな道理」「安定はすべてを圧倒する」のように、中国共産党の指導の下、中国の政治は安定し、社会の秩序は良好に保たれ、経済成長に良い環境を作り出した。歴史が繰り返し証明しているように、政治が不安定ならば経済発展を語ることはできない。当時日本が高度経済成長できたのも、政局が長期的に安定していたからだ。日本と中国は国情が異なり、日本の政党は日本の状況にふさわしい方法で国を運営し、中国共産党は中国の状況にふさわしい方法で国を運営している。中国の発展の道筋は国情によく適している。

その他、鄧小平氏が鋭い見識を持っていたことを知る必要がある。鄧小平氏は教育を非常に重視し、大学入試制度を再開し、九年間の義務教育制度を実施した。これにより中国の経済・社会発展に貢献する優秀な人材が数多く育成された。

私は習近平国家主席が提唱する人類運命共同体の構築という理念に大変賛同している。各国の人々はみな同じ地球に暮らしており、みなが友人であり、運命を共にすべきだ。習主席は先ごろアジア、アフリカ諸国を訪問したが、それはまさしく理念の実践と言える。アフリカは世界でも発展の遅れた地域で、多くの国が依然として貧しく、生活の保障のない人が多い。近代以降、欧州列強がアフリカに多くの植民地を作り、人々に大きな苦難を与え、こうした国々の経済基盤を非常に弱くした。彼らには技術がなく、経済発展の経験も不足している。習主席のアフリカ訪問の目的は、共に手を携えて発展し人類運命共同体を構築することであった。喜ばしいことに、中国はアフリカを支援して多くのインフラを建設し、人々の生活を改善している。日本も中国と共にアフリカの発展に助力すれば、彼らにきわめて大きな幸福がもたらされる。これはアフリカの経済発展だけでなく、世界の平和と発展にも有益だ。

二〇一八年は中国改革開放四十周年である。習主席が同年四月にボアオ・アジア・フォーラム年次総会の開幕式で強調した通り、「我々は開放・ウィンウィンを堅持し、変革・革新に果敢に挑む」。改革開放は前進を続ける偉大な航程であり、中国が引き続き改革を深化させ、開放を拡大することを願う。二〇一八年は日中平和友好条約締結四十周年でもある。中国と日本は一衣帯水の隣国であり、それぞれ世界第二、第三の経済大国だ。中国の発展は日本にとって好機であり、両国が密接に協力し、人類運命共同体の構築のために尽力することを願う。

すべての人を幸福にする人類運命共同体の理念

福田康夫　元首相

ボアオ・アジア・フォーラム前理事長　インタビュー

人類にとって地球はただ一つであり、各国は同じ世界に共存している。国際社会は、相手の中に自分がいて、自分の中に相手がいるという「運命共同体」へと日々変化している。世界経済の複雑化、グローバル化を前にして、いかなる国も利己主義ではあり得ない。

習近平国家主席が打ち出した人類運命共同体の理念は、世界中の人々を幸福にすることを旨とする。「一帯一路」の建設はその具体的な行動であり、各国との協力により、ウィンウィンで共に享受する発展を実現するものである。一帯一路は「共に話し合い、共に建設し、共に分かち合う」を原則とし、すべての参加国、さらには全世界が利益を得てすべての国の人々を幸福にするものだ。この意味において、一帯一路は時代を超えた意義があり、大変素晴らしい提案といえる。隣国として、日本は当然一帯一路に加わり、中国と協力して両国の国民を幸せにするべきだ。

習主席が示した人類運命共同体、一帯一路、新型国際関係の理念は密接に結びつき、互いに影響しあっている。中国のたゆまぬ発展に伴い、習主席が国際関係について明確に言明することを期待していたが、喜ばしいことに、新たな外交理念を発表したのである。相互尊重、公平・正義、協力・ウィンウィンを提唱した新型国際関係は、人類運命共同体の理念を貫き、恒久平和、共同繁栄という人類の夢を最終目標とする。この外交理念に、私はもろ手を挙げて賛成する。

現在、中国は様々な分野で急速に成長し、その勢いは米国に迫っている。それはかつて日本が経験した状況によく似ている。一九八〇年代、日本は大幅な対米貿易黒字により「プラザ合意」を迫られ、短期間で急速な円高となった。この急激な変化は日本の市場、産業、経済など各方面に多大な悪影響をもたらした。中国は日本の痛ましい教訓から学び取り、警戒心を高め、慎重に事を進めるべきだ。

現在中国は米国だけでなく、多くの国に対して貿易黒字の状態にある。これは中国がグローバル化の中で順調に発展し、中国企業がそのグローバル化の本質をとらえ、利益を得たことを示している。グローバル化とは何か？　グローバル化とは、低価格で高品質の製品を作ることである。どの国の人も低価格で高品質の製品を好み、そういった製品を作ることができる国は、自然と貿易黒字が増える。現在の米国の貿易赤字は、低価格で高品質の中国製品が米国に広く受け入れられていることが一因である。米国は貿易赤字に悩む以上に、自国の生産モデルを見直す必要がある。

人民日報に関する説明に耳を傾ける福田康夫元首相（右）

保護貿易主義の危険性と、自由貿易の重要性は言うまでもない。現在、世界各国は保護貿易主義の台頭を非常に憂慮している。中国と米国は不可分な協力関係にあり、米国は多くの産業で中国からの輸入に頼り、農業などの分野で中国市場に大きく依存している。トランプ政権は功を焦るあまり保護貿易主義的な措置を取った。一時的に貿易赤字を緩和できるかも知れないが、産業構造を変えない限り、根本的解決にはつながらない。いずれは米国内で保護貿易主義に反対する声が高まっていくと信じている。米政府は直ちに政策調整をするべきだ。

中国のたゆまない発展は、世界各国に数多くの発展の機会をもたらす一方で、一部の国は強大化した中国がどこへ向かうのか懸念している。習主席は重要な場で人類運命共同体と新型国際関係の構築を提唱し、中国が引き続き平和的発展の道を歩むことを全世界に示した。中国がどんなに発展しても、覇権を握ったり、領土を拡大したりすることは永遠にない。習主席の外交思想は、国際社会の心配を取り除いたという点で重要な意義をもつ。

二〇一七年一〇月、習主席は中国共産党第十九回全国代表大会で素晴らしい演説をした。中国における未来の発展の方向性を描いただけでなく、世界の問題に対し解決案を示したのである。国際社会は中国の考えや主張にさらに耳を傾けてほしい。今回のアジア・フォーラム年次総会は、その重要な機会だ。メディアの客観的で正確な報道を通じて、世界各国が中国への理解を深めていくと信じている。

中日両国が明るい未来を共につくり享受する

在中国日本国特命全権大使　横井裕　インタビュー

日中両国は一九七八年八月一二日に北京で日中平和友好条約を締結した。中国の改革開放の過程と共に歩んだ四十年間で、両国関係は急速な発展を遂げた。いまでは中国と日本は世界第二、第三の経済大国となり、両国の年間貿易額は三千億ドルに迫っている。日中間の一週間当たりの旅客定期便は一千便を超え、年間往来者数は二〇一七年に延べ一千万人を上回った。

日中両国の民間交流には古い歴史がある。日中平和友好条約締結四十周年を記念して、日本の伝統芸能「狂言」が二〇一八年に北京で上演されたが、公演チケットは三十分以内に完売した。二〇一七年に北京で行われた「歌舞伎」公演も大入り満員であった。「京劇」に代表される中国の伝統芸能も、日本で上演される度に歓迎される。これはまぎれもなく、両国国民の間に互いの文化に対する不変の憧れがあり、文化交流を強く望んでいることを物語っている。

一九七八年まで時間をさかのぼると、中国はその年初めて「日本映画週間」を開催し、『君よ憤怒の河を渉れ』などの日本映画を次々と上映した。高倉健と中野良子の熱演が、多くの人々にとっていまなお記憶に新しいものとなっているが、四十年たった今日でも若者は同じように日中合作映画を好む。

二〇一八年六月には、細川護煕元首相が日本国内に所蔵する三十六部四千冊の漢籍を中国国家図書館に寄贈した。これらの漢籍は両国の長きにわたる文化交流の証だ。日本の博物館や美術館の多くは近年中国の書画展や文化財展を次々と開催し、九州国立博物館の特別展「王羲之と日本の書」や奈良国立博物館の展示室「中国古代青銅器」などのように、多くの来館者を集めている。

横井裕在中国日本国特命全権大使

日中両国の国民は長らく芸術や学術を鑑賞・分析して尊重してきた。互いの文化への親しみ・関心には根強いものがある。疑うべくもなく、これは相互理解促進の基礎であり、今後も両国関係の発展を支え続ける。
二〇一七年に中国大陸から日本に訪れた観光客は延べ約七百三十六万人で、最多記録を再び更新した。さらに多くの中国の人々が日本を訪れ、日本社会を実際に知ることを期待している。私もさらに多くの日本人に中国を訪れてもらえるよう努力していく。

私は二〇一六年の現職就任後、中国各地を訪れ、活力にあふれた社会や人々の新たな様相を目の当たりにした。現在日本人は新たな視線を中国に注ぎ、その魅力を再発見している。

この四十年間、日本は一貫して「全力で中国の改革開放を支援する」という政策の下で中国の発展を手助けし、両国が共に豊かになる道を歩んでいる。私は外務省経済協力局で円借款と無償資金協力を担当したことがあり、貴州省天生橋水力発電所、日中友好病院、日中青年交流センター、日中友好環境保全センターなど、多くのプロジェクトに関わった。日中両国は現在、新たな構想や技術を利用してイノベーションを推進し、さらに良好かつスマートな社会を構築したいという願いを持っている。両国の若い世代がアイデアを一つにし、共に新時代をつくるという双方向コミュニケーションの可能性は無限に広がっている。私たちはお互いのアイデアを伝え合い、イノベーションの連鎖をもたらすという好循環を生み出す必要がある。

日中平和友好条約締結四十周年は中国改革開放四十周年でもあり、この期間は私の外交官としてのキャリアと重なる。四十年にわたる日中交流の成果は私の当初の予想をはるかに上回った。将来日中両国が引き続き協力し、想像を超えた新たな成果を得ると確信している。

将来私たちはさらに活力と創造力にあふれた新時代へと向かうことになるだろう。日中両国が明るい未来を共につくり享受することを願っている。

訪中する度に中国の大きな変化を実感

自民党幹事長　二階俊博　インタビュー

『「一帯一路」詳説』（原著は人民出版社、邦訳本は日本僑報社刊）を手にしている二階俊博幹事長

「中国改革開放四十周年で得た大きな成果を心からうれしく思う」。自民党の二階俊博幹事長はこのように述べた。

二階氏は中国国民の古くからの友人で、長きにわたり中日友好交流・協力に力を尽くしてきた。一九七六年に和歌山県議会議員として、仮谷志良知事が率いる「和歌山県日中友好の翼訪中団」の初めての訪中に参加した。その後四十年余り、二階氏は訪中を重ねた。「訪中する度に中国の大きな変化を実感できる。中でも最も印象深いのは、中国の人々の生活レベルが向上し続けていることだ。中国が揺るぎなく改革を深め、開放を拡大した上に、国民の勤勉さと努力もあり、未曾有の発展という奇跡を成し遂げた」。二階氏は、中国の発展が世界に注目される成果を上げた根本原因に対し独自の見解を持ち、過去四十年間において中国の人々が払った多大な努力を称賛している。

二〇一八年四月、習近平国家主席はボアオ・アジア・フォーラム年次総会の開幕式で「中国は改革開放を揺るぎなく堅持し、引き続き開放拡大の新たな重要施策を打ち出し、アジアや世界各国と共に、アジアと世界の素晴らしい未来を創造する」と表明した。二階氏は「習主席の演説に賛同する。中国が協力・ウィンウィンを堅持し、開放経済を構築するという確固たる姿勢が示された」と語った。また同年一一月に上海で開かれる第一回中国国際輸入博覧会については、さらなる市場開放を行い、世界の貿易と協力を促すという中国の誠意の表れであり、日中が協力を深める新たな場になるとの認識を示した。「私は同博覧会への日本企業の参加を積極的に後押しする。博覧会の円満な成功を期待している」

「一帯一路は偉大な構想だ」と語る二階氏は、二〇一七年五月に政府代表団を率いて北京に赴き「一帯一路国際協力ハイレベルフォーラム」に出席した。帰国後、直ちに自民党内に一帯一路研究会を立ち上げ、一帯一路に対する与党の認識と理解を後押しした。二階氏は、中国が世界の舞台の中心へ近づくにつれて、中国の理念、知恵、構想、ビジネスチャンスへの世界の注目が高まっていると考えている。「習主席が提唱した一帯一路と人類運命共同体の構築という理念は時宜にかない、鋭い識見と深い意義がある。私は心から称賛と賛同の意を表する」

「中国の発展は日本企業にチャンスをもたらした」。二階氏は日本も適切な方法で一帯一路の共同建設に参加すべきだと考えている。日中両国は第三国市場を含めて協力体制を共に構築し、意思疎通と理解、相互学習・参考をより一層深めるべきだという。「日中両国における共同発展の実現は最も喜ばしいことである。両国が手を携えて大きく前進し、共に発展することを願う」。二階氏は中日関係の将来に大きな希望を抱いている。

2018年8月、自民党本部で取材を受ける二階俊博幹事長（左）

六

中日関係は新たな時代へ

安倍晋三首相　インタビュー

安倍晋三首相は二〇一八年一〇月二五日～二七日、中国を正式訪問した。訪中前日、首相は人民日報などの中国メディアの合同書面インタビューに応じ、「改革開放四十年で、中国は世界に注目されるめざましい発展を遂げた。その発展は日本や世界にとって大きなチャンスだ。日本と中国は両国及び世界の平和と繁栄に対し重大な責任がある。両国は大局を見渡して、友好な協力関係を着実に築いていくべきだ」と述べた。

二〇一八年は中日平和友好条約締結四十周年であり、中国改革開放四十周年でもある。安倍首相は「日中平和友好条約は日中関係の原点であり、そのことをしっかりと心に刻まなければならない。この四十年、日本は政府開発援助や民間投資などを通じて、中国と共に歩んできた」と示した。

安倍首相は「四十年間、中国は注目すべき多大な発展を遂げ、世界第二の経済大国となった。現在、日中貿易総額は約三千億ドルに達し、両国の経済はすでに密接な関係にある。中国の経済発展が日本や世界にとって大きなチャンスであることは疑いようがなく、歓迎すべきだ」と表明した。

また「隣国として、日中間に解決困難な問題があるのは免れがたい。両国は戦略的互恵関係の下で、デリケートな問題を適切に処理し、全体の情勢を鑑みて、友好な協力関係を着実に築く責任がある」とした。

安倍首相は「日本は環境汚染、少子高齢化対策などで他国をリードする豊富な経験を持ち、中国の手本や参考になることを期待している。世界経済成長の中心であるアジアのインフラのニーズを満たすことは、重要な意義がある。両国の企業がこの分野で協力することを望む」と示した。

台湾問題については、一九七二年の「中日共同声明」で明らかにした立場を重ねて表明した。「アジアや世界が直面する様々な課題について、中国のリーダーと率直に話し合うのを楽しみにしている。政治・安全保障・経済・文化・国際交流などすべての分野で協力拡大するよう、日中関係のさらなる発展を後押ししていく」

さらに「日中両国はアジアや世界の平和と繁栄において共に重大な責任を担っている。いま世界では、各国の結びつきはかつてないほど密接になり、一国の力では解決できない問題が増えている。日中両国は世界の平和と繁栄のために共に努力すべきだ。日中は自由貿易体制の受益者として、世界貿易機構（ＷＴＯ）を中心とする多国間主義と自由貿易体制を維持するため、協力関係を強化する必要がある」と述べた。

安倍首相は二〇一七年一一月の習近平国家主席との会談を振り返り、日中関係の新たな出発点と位置付けた。また二〇一八年五月の李克強総理の訪日により、両国関係は正常な軌道に戻ったとした。

最後に、二〇一八年九月にウラジオストクで開催された習主席との会談と、今回の自身の訪中は、日中関係を次の段階へ着実に引き上げる後押しとなったと表明。ハイレベル交流の強化を通じて日中関係を新たな時代へ導きたい考えを示した。

2018年10月、首相官邸にて

七

人類運命共同体を共に建設する

大平正芳は中国国民にとって古い友人だ。積極的に中日国交正常化を進め、中国の改革開放を支援したことにより、よく知られている。二〇一八年一二月一八日、中国政府より故人である大平正芳に「中国改革友誼勲章」が授与された。

「祖父が勲章を授与され、家族全員感激している。亡くなってから三十九年近くになるが、中国の人々は祖父を忘れていない」。大平正芳の孫・渡辺満子さんは、感激した様子であった。

一九七二年九月、大平正芳は外務大臣として当時の首相、田中角栄の訪中に同行した。両国は歴史的意義のある「中日共同声明」に署名し、国交正常化を実現した。一九七四年一月、外相として再度訪中し、「中日貿易協定」に調印。福田赳夫内閣の時期に自民党幹事長を務め、「中日平和友好条約」の締結を支持した。一九七八年一二月、首相に就任。在任中は中国への政府開発援助（ＯＤＡ）を推し進め、中国改革開放の初期建設に貢献した。

大平正芳は、中国の改革開放・近代化と深い縁で結ばれている。大平の働きかけにより、対中ＯＤＡが始まったのだ。渡辺さんはこう振り返る。「祖父は中国各界との交流の中で、中国の発展にかける情熱と、外国の先進技術・経験を謙虚に学ぼうとする意志を強く感じ

2019年1月、東京の自宅にて。祖父の大平正芳が受賞した「中国改革友誼勲章」を手にした渡辺満子氏

た。中国との安定した友好関係を維持・発展させるため、祖父は『中国の近代化実現のため、できる限りの協力をしたい』と望んでいた」

　大平正芳は庶民の暮らしに関心を持ち、多額の援助資金を中国の人々の生活水準を上げる事業に投入した。北京中日友好医院はその一つであり、改革開放後、初めて国外無償資金協力により設立された。当時中国で最新の設備がそろった近代的な病院で、いまなお中国最高レベルの「三級甲等医院」という位置付けである。その他、北京語言学院に設置された「日本語研修センター」も支援し、中国の日本語教育界では親しみを込めて「大平学校」と呼ばれた。わずか五年の間に、「大平学校」は国内で六百名以上の日本語教師を養成し、中国の日本語人材を充実させた。一九八五年、

「大平学校」は北京外国語学院へ移った際に「北京日本学研究センター」と改名され、現在に至るまで修士・博士号取得者は千名を超え、中日交流協力において重要な役割を担っている。

「中国の発展は本当に速く、昔の比ではない。改革開放四十年で、中国は天地がひっくり返るような大きな成功を収めた」。長年中国に関心を持ち続けた渡辺さん一家は、中国の発展を喜ばしく思い、改革開放の偉大な過程に関わることができ誇らしく思っているという。「近頃、日中両国の交流はますます頻繁で密接になっている。中国には日本が学ぶ価値のある成功体験がたくさんある。例えばモバイル決済。普及率が高くて羨ましい」

北京で勲章を受け取る際、渡辺さんは今回のために祖母が残した和服を着たそうだ。帰国後、勲章を両親に見せると、大平正芳の秘書を務めていた父親は「大平正芳の受賞を非常にうれしく思う。中国改革開放の成功に心から敬意を表したい」と語った。

渡辺さんはこう見る。改革開放の世界的成功は、中国共産党が国民を指導し、勤労・知恵・勇気をもって成し遂げたものだ。「改革開放四十周年祝賀大会で習近平国家主席の演説は印象深く、何度も『革新』『改革』『開放』を強調していた。中国が引き続き開放拡大を進め、日本とさらに手を取り合って協力し、人類運命共同体を共に建設するよう願っている」

第二章

中国経済の発展

中国経済の発展は日本にとっても大きなチャンス

中国改革開放は無限の可能性を秘めている

改革開放四十周年記念・中日経済貿易協力シンポジウム

二〇一八年一二月三日、中華人民共和国駐日本国大使館と日本経済団体連合会（経団連）が共催した「改革開放四十周年記念・中日経済貿易協力シンポジウム」が東京で開かれた。中日両国の経済界、シンクタンクの専門家、友好団体、華僑・華人の代表など二百人あまりが出席し、中国の改革開放政策と中日経済協力の新たな方向性について討議した。また中国改革開放四十周年と中日経済貿易協力の写真展や、国家級の開発地区「雄安新区」のプロモーションイベントが開催され、出席者は中国の改革開放を肌で感じることができた。

改革開放により急成長した中国経済、ビジネスチャンスを周辺国へ

二〇一八年は中国の改革開放四十周年で、中日平和友好条約締結四十周年でもある。この四十年、中国は絶えず対外開放を拡大させ、自国の発展だけでなく世界に幸せをもたらした。

李肇星・中国人民外交学会名誉会長は基調講演で、「改革開放は現代中国の運命を決定づけた重要な選択であった。中国の発展において避けては通れない道であり、国内を大き

福田康夫元首相が基調講演をしている会場

く変化させた一方、世界にも深い影響を与えた。中日両国は新たな発展段階に入っており、双方は共に経済・貿易協力関係を強化し、第三国市場協力を推進すべきだ。またアジア太平洋地域の一体化を推し進め、自由貿易体制を維持する必要がある。両国は国民をさらに幸せにし、手を取り合って世界の平和と繁栄のために貢献するべきだ」と述べた。

程永華駐日大使もあいさつの中で、「現在中日関係は正常な軌道へ戻り、再び見通しの明るい情勢となっている。中国は、日本が引き続き中国新時代の改革開放に積極的に加わり、技術革新、省エネルギー・環境保護、介護・医療、財政・金融などの分野で両国がウィンウィンとなる新たな枠組みを作り、第三国市場協力を両国の実務協力の新たな柱、新たなハイライトとして築き上げることを歓迎する」と語った。

福田康夫元首相は基調講演で、「この四十年、中国は天地を覆す変化が起きた。さしあたって、日中が進める協力関係は東アジアや世界にプラスの影響をもたらしている」と述べた。以前取材した際には「中国の改革開放は無限の可能性を秘めている。将来さらに大きな成功を得るだろう」と話している。

同シンポジウムは二部構成で進められた。第一部では、改革開放の歴史的成果に着目し、中日各分野の実務協力と改革開放が共に歩んできた非凡な道筋を振り返った。第二部では、中国の新時代における改革開放と両国の経済・貿易協力の方向性を展望し、中国側のゲストが改革開放の最新の政策と理念について説明した。また日本側のゲストと共に、新たな情勢の下で経済・貿易協力関係をいかに強化するかについて討議を行った。

同シンポジウムでは、改革開放初期に対中協力に関わり、鄧小平氏が来日した際に接待を担当した日本のゲストが特別招待された。進藤孝生・新日鐵住金社長は四十年前、鄧小平氏の接待に関わった。進藤社長は「この四十年間、中国は改革開放政策によって急速な経済発展を遂げ、世界第二の経済大国となって世界を驚嘆させた」と語った。

八十六歳の華井満・朝陽貿易元社長は四十年前、君津製鉄所で鄧小平氏の来訪に立ち会った。中国が改革開放四十年で得た成果に話が及ぶと、華井元社長は感慨深げに「改革開放によって中国経済は急成長し、周辺国にも商機をもたらした。今日のシンポジウムは、日中経済界が未来を展望し、協力関係を深める契機となった」と語った。

中国がこれほど発展するとは、誰も想像していなかった

この四十年、日本は中国の改革開放のプロセスに深く関わった。両国の経済関係は日増しに緊密化・一体化し、協力分野を絶えず開拓することで、全方位・高レベルの協力体制が出来上がった。中日の経済・貿易関係は著しい発展を遂げ、中国は日本にとって最大の貿易相手国となり、日本は中国にとって第二位の貿易相手国、重要な外資供給国となった。

陳健・中国商務部元副部長は講演で、「一九七八年、中日両国の貿易額は四八億二千万ドルだったが、二〇一七年には三〇二九億九千万ドルに達した。二〇一七年末までに、日本が中国に設立した企業は累計五万以上、実質投資額は一〇八〇億ドルに達した。中国の累計外資利用額は、国別においては日本が首位となった」と述べた。

古屋明・日中経済貿易センター特別顧問が初めて中国を訪れたのは一九七四年だ。「当時、北京や上海などの大都市は、比較的立ち遅れていた。しかし改革開放の四十年で、中国は飛躍的発展を遂げた。中国がこれほど急激に、順調に発展するとは、当時は誰も想像していなかった」。古屋氏は、「中国共産党の指導の下、中国は安定的な発展を維持した。中国国民の勤勉な努力により、改革開放政策は今日の大きな成功をもたらした」と語った。また「日中両国の協力は大きな潜在力を秘めている。現在両国は第三国市場協力を進めており、新たな協力体制は、両国に有益という点だけでなく、世界に平和と繁栄をもたらすという点でも有益だ」という見方を示した。

矢島浩一・丸紅上級顧問は講演の中で、丸紅の中国での発展状況について詳細に説明した。「改革開放政策はわが社に多大な発展のチャンスをもたらした。いま中国は改革推進・開放拡大を続けている。経済は質の高い発展段階へ転換し、消費レベルも向上している。これはわが社に貴重なチャンスをもたらした」

「中国はいま人工知能などの分野で世界をリードしている」。小久保憲一・日立グループ執行役専務は講演の中で、「わが社は中国が発展する中で改革開放政策と共に歩んできた。

今後の日中両国の協力関係は前途洋々である。日立グループは中国での業務をさらに重視していく」と述べた。

横尾定顕・パナソニック・チャイナ会長は、映像を利用してパナソニックと中国改革開放の密接な関係について詳細に説明した。「パナソニックは中国の未来は明るいと考えている。今後も引き続き中国の改革推進、開放拡大と共に歩んでいく」

同シンポジウムの後に開かれたレセプションでは、河野太郎外務大臣が中国語で「中国の改革開放四十周年を心から祝福する」とあいさつすると、大きな拍手が起こった。河野外務大臣は「日中両国は対等なパートナーとして、協力関係の新時代を迎えた」とした。

「今日改革開放四十周年記念シンポジウムはちょうど良い時期に開かれた」。中西宏明・日本経団連会長は、

基調講演をする河野太郎外務大臣

レセプションでこう述べた。「二〇一八年は両国間において密接なハイレベル交流が行われ、日中関係は正常な軌道へ戻った。競争ではなく協調の新時代が始まることを、日本経済界は大いに歓迎する。今回のシンポジウムは、両国各界が最新の中国開放政策について情報交換し、日中協力の道を展望する契機となった。経団連は今後もたゆまない努力をし、戦略的互恵関係の構築に向けて引き続き注力する」

中国共産党の指導が成功のカギ

日中経済貿易センター特別顧問、
パナソニック元社長　谷井昭雄　インタビュー

2018年7月、パナソニック本社で取材を受ける谷井昭雄氏（右）

「中国の発展は日本にとってチャンスである。美しい中国の建設と農村の振興に関わり、日中両国の互恵的協力を実現させたい」

「改革開放以来、中国では天地がひっくり返るような変化が起きた。私は中国の改革開放に関心を持ち続けている。ここ数年は、訪中の回数は減ったが、多くの友人が中国を訪れており、そこでの体験を話してくれる。彼らが言うには、中国の発展はこの数年でさらに加速しているとのことだ」。九十歳になる谷井昭雄・日中経済貿易センター特別顧問はこう語った。

八〇～九〇年代、松下電器産業（当時）の社長を務めていた谷井氏は何度も訪中し、中日両国の経済・技術協力に注力した。一九九三年に定年退職した後は、大阪府日中友好協会、日中経済貿易センターなどの民間団体に勤め、中日の友好交流・協力関係のために引き続き尽力している。

一九七八年一〇月、国務院副総理を務めていた鄧小平氏が来日し、松下電器産業茨木工場（大阪府）を視察した。当時社員であった谷井氏はこう振り返った。「当時は日中国交正常化から何年も経っていなかったが、パナソニック創業者・松下幸之助は、二十一世紀はアジアの時代であり、その経済発展は中国抜きでは成しえないと考えていた。日本は中国と手を携えて協力し、共に発展すべきだと。そこで他の企業に中国への投資を呼びかけたが、企業の多くは中国の状況を未だ把握できていないと考え、すぐに参加することはなかった。だが松下幸之助は改革開放という偉大な事業に即座に加わった。パナソニックは初めて中国進出を果たした外資系企業となった」

一九七九年、谷井氏は松下幸之助の訪中に同行し、北京で中国の科学技術者と交流した。それから四十年近くの間に、谷井氏は八十回以上訪中し、中国の改革開放の過程をその目で見てきた。

「中国の成長は本当に速い！」取材中、何度も感心していた谷井氏は「中国共産党の指導が成功のカギ」と考えている。中国共産党の指導の下、国内の政治・社会の安定を保ち、国外に対し開放的であり続け、世界各地から先進技術と管理経験を導入すれば、改革開放は大きな成功を得られるという。

谷井氏は「日中両国には二千年以上にわたる友好交流の歴史がある。相互に学び、参考にし、それぞれの発展と進歩を推し進めた」と話した。「中国の発展は日本にとってチャンスである。美しい国家建設と農村の振興に関わり、日中両国の互恵的協力を実現させたい」。谷井氏は、中国の改革開放の成功体験には、日本が学び、参考にすべき価値があるという。「中国が世界の平和と発展に向けてさらに寄与することを期待している」

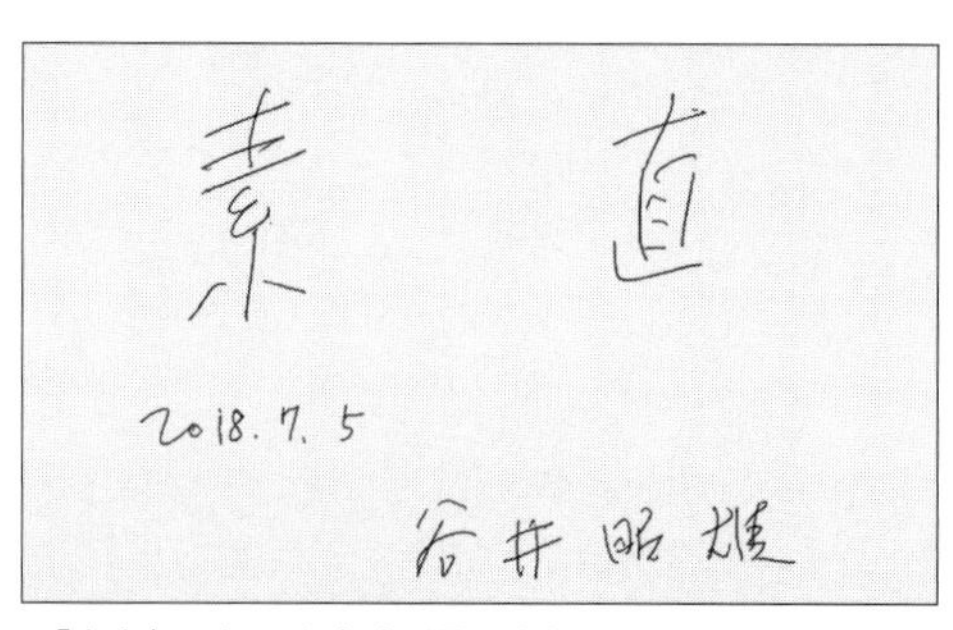

「素直」は松下幸之助が最も大切にした言葉だという

三 引き続き中国の改革開放と共に歩む

パナソニック・チャイナ会長　横尾定顕　インタビュー

長年中国を肌で感じ、天地を覆すほどの変わりようを実感している。中国経済は大幅な成長を実現し、一人一人の庶民の生活が大きく変わった。

一九七八年一〇月二八日はパナソニックにとって絶対に忘れられない日だ。中国国務院副総理を務めていた鄧小平氏がこの日、松下電器産業（当時）の茨木工場（大阪府）を訪れた。創業者・松下幸之助の案内で、テレビ、高速ファクシミリ、ビデオカメラなどの生産ラインを視察した。鄧小平氏が中国の近代化建設を助けてもらえないかと尋ねると、松下は即座に「何であれ、全力で支援するつもりだ」と答えた。パナソニックはこうして中国と関わりを持つに至ったのだ。

翌年、松下幸之助は招きに応じて訪中し、鄧小平氏と会談した。中国政府と初めての技術協力を行い、上海の電球工場に白黒テレビのブラウン管の生産設備一式を提供した。帰国後、当時八十代の松下幸之助は電機業界トップとの会談、メディアによる取材など、様々な方法で中国の改革開放政策を積極的に紹介した。しかし日中の国交樹立から間もない時期だったため、日本の電機業界は当時の中国をよく理解しておらず、また企業間のライバル意識など種々の原因で、松下幸之助は他の企業に中国への共同進出を説得できなかった。鄧小平氏に手紙で事情を伝え中国進出を諦めるよう勧められたこともあったが、「私と鄧小平氏の間には君子の約束がある。実現できないのなら、実際に会って説明すべきだ」として、一九八〇年に再び訪中した。直接状況を説明したところ、鄧小平氏から返された言葉に深く感動した。結果として松下電器産業は単独で中国と協力することを表明し、他の日本企業に対して日中合作の模範を示したのである。

一九八七年九月、中国の関係部門との合弁により北京・松下彩色顕象管（ブラウン管）有限公司が設立された。この年は私が大学を卒業して入社した年でもある。当時病状の重かった松下幸之助は同公司の工場の建設状況をずっと気にかけていたが、工場竣工の写真を見ると非常に満足した笑みを浮かべていた。同公司は投資規模が当時最大の日中合弁企業で、操業を開始した年に黒字となったことで日本の経済界に大きな反響を呼んだ。その後、他の日本企業が続々と中国進出を始めた。

それから約四十年を経て、パナソニックは現在中国に関連企業七五社を有し、売上高は約五百億元（約七千五百億円）でパナソニック全体の約一〇％を占め、社員数は六万人に上る。中国経済が発展し続けることにより、中国での売上高がさらに増加すると確信している。

　私は一九九〇年代末に初めて中国に出張し、その後何度も中国を訪れた。二〇一一年には幸運にも中国に駐在することになり、無錫のパナソニックエナジー（無錫）有限公司の責任者となった。二年後に本社へ戻ることになったが、それ以後も中国に注目し続けた。二〇一五年には再び中国に駐在することになり、空調事業の関連会社の責任者になった。二〇一七年四月にパナソニック・チャイナの会長に就任してからは中国各地を頻繁に訪れるようになった。長年中国を肌で感じ、天地を覆すほどの変わりようを実感している。中国経済は大幅な成長を実現し、一人一人の庶民の生活が大きく変わった。家電製品、スマートフォンが多くの家庭で使われ、高速道路や高速鉄道が全国各地を結んでおり、このような変化に深く心を打たれている。先日、深圳に出張した際には中国の生命力や活力、創造力を感じた。各地を訪れると、中国には無数のビジネスチャンスが潜んでおり、非常にやりがいを感じている。

　中国の未来には発展し得る潜在力と空間が多分にある。改革開放以来、中国企業がめざましい発展を遂げ、多くの分野ですでに日本企業を超えたことを喜ばしく思う。これから中国企業との協力を強化し、ウィンウィンの発展を実現することを強く望んでいる。現在パナソニックを始めとする多くの日本企業が中国市場をさらに重視しており、中国での研究開発を次々と強化している。

特筆すべきは、中国政府が設置した「雄安新区」が非常に先進的な都市開発プロジェクトであることだ。パナソニックの持つ技術や製品、サービスを雄安新区の建設に用い、共に雄安新区をクリーンで低炭素な、スマート化された、居住と産業に適した先進都市として打ち出し、中国の改革開放に引き続き貢献していきたい。

二〇一八年は中国改革開放四十周年で、パナソニック設立百周年でもある。中国における現在のパナソニックの発展があるのは、鄧小平氏と松下幸之助の君子の約束と、中国各界の人々からの力強い支持のおかげだ。パナソニックはこれを重要な一里塚として、引き続き中国の改革開放と共に歩み、中国国民がさらに幸せで素晴らしい生活を送ることができるよう貢献したいと考える。

四

中国経済は質の高い発展段階へ

みずほフィナンシャルグループ執行役専務　今井誠司　インタビュー

科学技術のイノベーションやハイテク産業の急速な発展、国民の個人消費力の絶え間ない向上により、中国はすでにイノベーション大国と世界的市場としての地位を確立している。

日中両国は一九七二年に国交正常化を果たしたが、みずほフィナンシャルグループと中国の関係も同年に始まり、その後まもなくして日中両国の金融分野での人材交流事業を立ち上げた。一九七八年一二月、中国共産党第十一期中央委員会第三回全体会議において改革開放路線が定まり、その翌年に中国の政府関係者や金融関係者を日本の「みずほ金融研修班」に招待し、一九八一年には北京に駐在員事務所を開設した。

私が初めて中国を訪問したのは二〇〇四年で早いとは言えないが、その後数え切れないほど中国へ行った。二〇一八年九月には深圳と広州を訪問し、この二都市を隅々まで見て回り、至るところで改革開放の限りない活力を実感することができた。

二〇一八年は中国改革開放四十周年で、日中平和友好条約締結四十周年でもある。双方の努力により、日中関係は現在正常な軌道に戻り、前向きな勢いを盛り返している。二〇一八年九月に東京で出席した「二〇一八年度アジア金融協力協会（ＡＦＣＡ）メインフォーラム」は、アジア各国の金融機関に交流・協力の絶好の機会を提供したと考えている。みずほフィナンシャルグループは中国などのアジア各国企業と共同で金融イノベーションを展開し、グローバル経済の回復と成長に貢献することを望んでいる。

2018年9月、東京で取材を受ける今井誠司氏（右）

改革開放の四十年で、中国は世界が目を見張るほどの成果を上げた。四十年の発展を通じて、中国はもはや単なる「世界の工場」ではなくなった。中国を訪問すると、科学技術のイノベーションやハイテク産業の急速な発展、国民の個人消費力の絶え間ない向上を通じて、中国がすでにイノベーション大国と世界的市場となり、中国経済が高度成長段階からより高次の発展段階へと転換したことを痛感する。

中国の改革開放が大きな成功を収めた要因は、中国共産党が国民を国情に適した発展の道へ導いたこと、政治と社会が安定していたこと、国民が勤勉に働いたことなどが挙げられるが、中国が対外開放の基本政策を堅持し、世界に心を開き、絶えず各国と技術・人材交流を行ったことも大きな要因だ。中国の改革開放の成功は多くの国、特に発展途上国にとって参考すべき点が大いにある。

世界最大の貿易国として、中国は絶え間ない開放拡大により、世界の経済成長に良い影響をもたらしている。みずほフィナンシャルグループ傘下のみずほ銀行は、上海で二〇一八年に開かれた第一回中国国際輸入博覧会に参加した。これを機会に日中両国間の企業交流・協力と貿易の往来がさらに活発になることを望む。今後も両国経済協力に資する役割を果たしていきたい。

五

中国は国情に適した発展の道筋を見出した

日本通運常務執行役員　杉山龍雄　インタビュー

一九七八年一二月、中国共産党第十一期中央委員会第三回全体会議において、改革開放という新しい歴史の幕が切って落とされた。当時拓殖大学外国語学部中国語学科の二年生だった私は、ことのほか奮い立たせられるような気がして、中国と自分の前途に大きな希望を感じた。

私は一九八二年四月に大学を卒業後、日本通運に入社した。同年一二月に初の中国出張となり、北京から空調の無い格安列車に乗り、のんびりと汽車に揺られ、天津を経て秦皇島に到着した。この三十六年間、一貫して物流企業に勤めてきたが、便利・快適・安全な高速鉄道に乗って広大な中国大地を駆けめぐる時、「これが、改革開放が中国にもたらした大きな変化だ！」と賛嘆せずにはいられない。

日本通運と中国の関係は一九五七年に始まった。両国はまだ国交正常化を果たしていなかったが、文化交流はすでに始まっていた。当時「敦煌作品展」が東京で開催され、日本通運が展示品の輸送を担当した。その後、日本で開かれた多くの中国作品展において一貫して輸送業務に関わった。一九八一年には、改革開放の春風に乗って中国展開の願いが叶い、現地に駐在事務所を開設した日本初の物流会社となった。中国での事業は拡大を続け、いまでは中国大陸の四十八都市に二百十拠点を有し、六千人余りの社員が勤務している。

私は幸運にも中国の改革開放の重要な時期に立ち会うことができた。一九九三年三月に北京への赴任が決まり、十年余りに及ぶ中国での勤務生活が始まった。一九九四年には日本通運と中国最大手の物流会社・中国外運との合弁会社設立に関わった。二〇〇四年には中国初の保税区である上海外高橋保税物流園区が誕生し、従来の保税区の概念を覆し、中国の保税物流の新時代を象徴する出来事となった。私はすぐに本社を説得し、日本通運は園区進出企業の第一陣に入ることができた。さらに他の日本企業に成功体験を積極的に伝え、多くの企業の進出を促した。二〇〇八年には、日本通運は上海を起点として中国国内を横断し、ベトナム、ラオス、カンボジア、タイ、マレーシアを経由しシンガポールに至る七千キロ余りの陸路運送ルートを整備した。

一帯一路は偉大な構想だ。同構想が提唱されてから五年で理念が行動へと転じ、関連国に着実な利益をもたらし、各国の人々に恩恵を与えた。日本通運もその中で大きなビジネスチャンスを獲得し、物流企業として積極的に一帯一路の建設に加わり、また他の協力パートナーにも一帯一路の利点を紹介し、参加を促している。日本通運は今後さらに一帯一路の建設に積極的に関わり、貿易の流れをスムーズにするため国際協力の新たなプラットフォームを築き、共同発展の新たな原動力を強化するために力を尽くしていきたい。

二〇一四年に日本通運の執行役員となり、再び上海で勤務することになった。半年間の調査を経て、国際定期貨物列車「中欧班列」の利用を始め、中国と欧州を結ぶ輸送サービスを展開した。年間貨物輸送数は標準的なコンテナで換算すると数千個程度だが、二〇一八年は倍増が見込まれている。同年五月には中欧班列を利用した日本欧州間の複合一貫輸送サービスを新たに開始し、輸送日数の大幅な短縮を実現した。さらに中欧班列に自社専用の貸し切り列車を運行させる計画だ。

数度にわたる中国駐在により、改革開放が中国に与えた急成長を実体験することができた。改革開放の四十年で得た大きな成果はあらゆる面に現れている。初めて中国に駐在した時は固定電話もまだ普及しておらず、電信局に行って電話をかけなければならなかった。それがいまではスマートフォンが急速に発達し、微信(ウィーチャット)などのSNSアプリを通じていつでもコミュニケーションが可能だ。飛行機に乗る人が増えて予約が取れない時期もあったが、今ではこのような状況は様変わりし、便数が大幅に増えてサービスの質も大きく向上している。また中国のサービス業の質も飛躍的に向上している。以前はホテルのレストランで昼十二時を過ぎると食べ物が何もない状態だったが、現在では多くのホテルが飲食サービスを二十四時間提供している。

中国の改革開放が成功した根本的な要因は、中国共産党が的確に指導し、中国が国情に適した発展の道筋を見出し、あらゆる面で積極性が引き出され、多くの国民が勤勉に働いたことにあると思う。中国の改革開放がさらに大きな成果を収めると信じている。

六

これからも中国の改革開放と共に

花王中国投資有限公司取締役兼総経理　中西稔　インタビュー

中国は世界の工場から魅力的な巨大消費市場へと変化し、世界経済成長の原動力となった。

一九九三年は私にとって忘れがたい年である。その年、勤務していた花王グループが中国市場へ参入した。当時、花王のシャンプーは高級日用品として、南京西路のデパートに並べられた。私も上海出張で初めて中国に来たが、当時黄浦江対岸の浦東には、高層ビルはほとんど建っていなかった。

二〇〇二年、上海に駐在して四年が経った。人々の商品を選ぶ眼は厳しくなり、さらに安全で安心できる高品質の商品を求めていた。中国経済社会の急速な発展により、庶民の消費習慣が変化したのだと思う。

二〇一五年、再度中国で仕事をすることになった。強い印象を受けたのは、デジタル技術の発展と運用に伴い、消費者の生活水準が向上していたことだ。同時に、環境保護などの社会的・精神的な価値への関心も高まっていた。このような生活形態や環境の変化に対応するため、花王は高品質のベビー用おむつ、節水効果のある洗濯洗剤などの商品を打ち出した。

モバイルインターネットの発展に伴い、中国消費者の商品購入のプロセスに大きな変化が生じた。いつでも好きな商品を選んで買うモバイル決済が日常になったのだ。その後、高速で効率的な物流システムにより、消費者のニーズに基づいて迅速に商品を送り届けることができるようになった。

中国経済の急速な発展と国民の生活水準の向上に伴い、中国は世界の工場から魅力的な巨大消費市場と変化し、世界経済成長の原動力となった。近年は特に政府が技術革新、デジタル経済に力を入れており、電子商取引、モバイルペイ、人工知能などの分野で世界をリードしている。

中国共産党の指導の下で改革開放を行った中国は、国情に合った発展の道筋を切り開いた。中国は外資企業に門戸を開き、投資や事業発展に適した環境を提供した。これからも、花王グループは中国改革開放と共に歩んでいく。

七

忠実に義務を果たす中国人

京セラ（中国）商貿有限公司　総経理　後藤雄次　インタビュー

「中国の進歩は非常に速い」。京セラ（中国）商貿有限公司の後藤雄次・総経理はこう話した。「『人、信なくば立たず、業、信なくば興らず』というのが私の信条だ。誠実と信頼は企業の長期的な発展にも関わる。現在、中国では多くの企業責任者が信頼関係の構築を重視しており、とても喜ばしいことである」

六十二歳の後藤氏が初めて中国を訪れたのは二〇〇三年三月だ。シンガポールにある京セラの子会社で責任者となり、深圳や東莞を出張で訪れた。当時深圳は急速に発展していたが、インフラの多くは整備されていなかった。しかしそれからたった十数年で、深圳は世界から注目される大規模な国際都市となった。

二〇一〇年五月に現職に就き、上海に駐在することになった後藤氏は、絶えず変化し続ける中国を理解するため、毎日地下鉄で通勤した。八年間、改革開放のプロセスをその目で見続けた――経済はたゆまず発展し、人々の生活も安定し、文化水準も向上し、誠実と信頼への意識も日増しに高まっていった。

後藤氏が思い出すのは、上海に来たばかりの頃、地下鉄のマナーを守らない人が多かったことだ。政府がマナー向上を広く呼びかけた結果、上海博覧会の後に状況が変わった。

地下鉄が来ても、我先に乗ることはなくなり、乗客が下りてから順番に乗車するようになった。

京セラは中国で主にＢ ｔｏ Ｂ（企業間取引）を展開し、顧客はみな中国の有名企業だという。「中国でのビジネスパートナーも、京セラの中国人従業員も、日常接する中国人はみな約束を守り、信用を重んじ、自身の義務を忠実に果たしている」

後藤氏によると、中国は義務教育段階から誠実と信頼を重視し、そのことが現在のような社会を形成する一助となっている。学校まで祖父母に送られる小学生が、勝手に道を横切る年長者を止めている光景をよく目にするという。

「京セラは、中国市場の先行きは明るいと考えており、これから中国へ主力を投じ、さらに中国市場のニーズに応える高性能な製品を生み出していく」

中国市場はますます魅力にあふれている

小林製薬（中国）有限公司　代表取締役　紀本慎一郎　インタビュー

初めて中国に行ったのは一九九八年だ。それからの二十数年間、中国に八年駐在し、四十回余り出張した。私は中国で起きた天地がひっくり返るような変化をこの目で見てきた。特にこの六、七年の変化は大きく、中国は急速な発展を遂げ、対外開放をさらに進めている。インフラなどのハード面で国際水準に達しただけでなく、モバイル決済などのソフト面でも世界をリードしている。

小林製薬は医薬品や家庭用化学製品を製造・販売しており、一九九八年に中国進出を果たしてから、二十数年間で大きく売り上げを伸ばした。現在中国国内市場の年間売上高は四億元（約六十億円）に達し、過去四年間で四倍に増加した。

私たちは一貫して中国市場を重視し、今後も成長が見込めると考えている。拡大開放政策という好機を得て、大いに奮起している。

四十数年に及ぶ改革開放を経て、中国経済は世界に注目される成果を上げ、人々の生活水準も大きく向上した。中国共産党第十九回全国代表大会において、「中国の主要な社会矛盾はすでに人民の日増しに増大する素晴らしい生活への需要と発展の不均衡・不十分との矛盾へと変化している」と示された。私たちは中国の人々の生活ニーズを満たす製品を送り出すよう努力していく。

中国の特色ある社会主義は国情に適している。この制度の下で、起業家のイノベーションと新たなビジネスモデルを呼び起こした。例えばモバイル決済やEC（電子商取引）プラットフォームの発展は、生活の利便性を大幅に高め、経済発展のチャンスを生み出した。

二〇一八年は中国改革開放四〇周年であり、政府は開放拡大をさらに進めると強調した。習近平国家主席は同年のボアオ・アジア・フォーラム年次総会において、「中国の開放の扉は決して閉じることはなく、さらに大きく開かれるのみ」と述べた。また（一）市場参入規制の大幅な緩和、（二）さらに魅力的な投資環境の構築、（三）知的財産権保護の強化、（四）積極的な輸入拡大などの四つの施策を発表した。二〇一八年一一月には第一回中国国際輸入博覧会が上海で開かれ、外国企業が中国市場へ参入するプラットフォームとなった。小林製薬はそこで中国各地から訪れた多くの企業と知り合った。今後も博覧会へ参加できることを期待している。

改革開放四十数年の発展に伴い、中国は世界の工場から活気ある大市場へと変わった。二〇一九年一月に施行された「電子商務法」は、知的財産権の保護について全面的に規定しており、さらに多くの製品を中国に輸出するためにも有用である。中国市場はますます魅力にあふれていると感じる。

さらに喜ばしいことは、二〇一九年の「全国両会」（全国人民代表大会・全国人民政治協商会議）において「外商投資法」が可決したことだ。その第二二条には「国家は外国投資者及び外商投資企業の知的財産権を保護し、知的財産権の権利者及び関連権利者の合法的権益を保護する。知的財産権の侵害行為については、法に基づき厳格に法律責任を追及する」と定められた。これは中国のさらなる開放拡大への自信と決意の表れであり、小林製薬を含む外国投資者が中国で公平に扱われることに法的保障が与えられたことを意味する。私たちはこのことを心から歓迎する。

九

一帯一路における第三国市場協力

日立グループ　中国総代表　小久保憲一　インタビュー

一帯一路は第三国市場協力にさらなるチャンスをもたらした。中国経済の潜在成長力はとてつもなく大きく、その発展の前途は私たちを奮い立たせる。日中企業間の第三国市場協力がさらに高まると信じている。

私は一九七九年に大学を卒業し日立グループに入社した。この年、日立は北京に事務所を設立した。それから四十年、日立は一貫して中国事業を重視し、改革開放と共に歩んできた。中国経済の急速な発展に伴い、日立の中国事業も拡大を続けている。現在中国に関連企業百四十社を有し、社員数は四万五千名に上る。年間売上高は六百億元（約九千億円）で、グループ全体の一〇％以上を占める。

日立は中国企業との協力を重視し、良好なパートナーシップを結び、第三国市場協力に向けて堅固な土台を築いた。かつて中国東方電気集団とリビア首都のトリポリで協力事業を行い、良い成果を収めた。その後、イギリス・ロンドンやオーストラリア・シドニーの地下鉄事業において中国中車集団と協力し、三国間のウィンウィンな関係を実現した。

第二回一帯一路国際協力ハイレベルフォーラムは成功裏に終わり、一部の国は中国と共同で第三国市場における協力文書に署名した。中国は各国企業と関連する国際組織が各国の法に基づき、第三国市場協力に向けてさらに努力することを歓迎している。

一帯一路は第三国市場協力にさらなるチャンスをもたらした。第三国市場協力における日中双方の潜在力は大きい。アフリカ、東南アジアなどの広大な発展途上国はインフラ整備の面で大きなニーズがある。日中企業はそれぞれ強みがあり、相互補完性を形作っている。一帯一路建設に伴い、中国企業は東南アジア、アフリカなどにおいて水利、鉄道、道路などのインフラ整備を行っている。その過程で、日立の関連製品も採用されている。二〇一七年、中国企業はミャンマー、マレーシア、カンボジアなどで落札した関連工事において、日立のエレベーターを採用した。日中企業間の第三国市場協力により、現地のインフラ整備、経済発展の促進、人々の生活向上に向けて好条件がそろうこととなった。

第三国市場の協力モデルは多種多様と言える。いかなる協力形態であっても、双方は各自の強みを十分に発揮し、ウィンウィンの関係を実現している。将来日立を含む日本企業と中国企業との相互理解がさらに深まり、第三国市場協力が拡大すると信じている。

二〇一八年一〇月、北京で開かれた「第一回日中第三国市場協力フォーラム」において、日立は中国企業二社と協力文書に署名した。現在各企業と積極的にマッチングを進めており、計画は順調に進み、近い将来結果が出ると信じている。

中国経済の潜在成長力はとてつもなく大きく、その発展の前途は私たちを奮い立たせる。今後、日立は引き続き中国事業を重視し、拡大していく。インフラ整備の他、インターネット分野での協力も重視しており、すでにテンセントなどの中国ＩＴ企業との業務提携に合意している。これからインテリジェントビル、健康・介護などの分野でさらに多くの中国企業と第三国市場協力を深めていく。日中企業間の第三国市場協力がさらに高まると信じている。

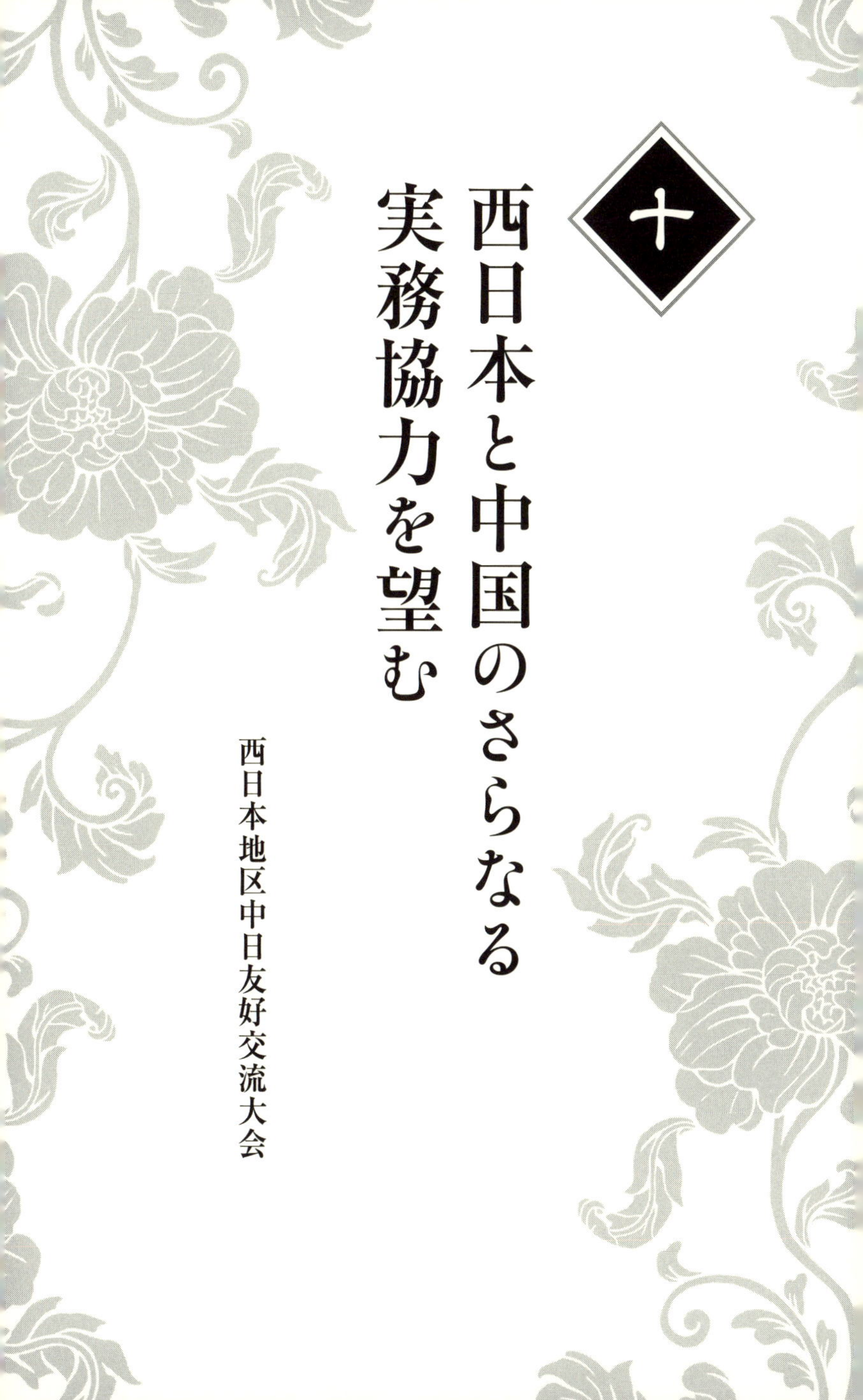

十

西日本と中国のさらなる実務協力を望む

西日本地区中日友好交流大会

二〇一九年一月二五日、中国駐大阪総領事館、大阪府、大阪市、日中経済貿易センター、西日本地区日中友好協会などが共催する第三回西日本地区中日友好交流大会が大阪市で開かれ、両国各界の代表や関係者など六百人余りが参加した。中日関係の発展をめぐり幅広い交流がなされ、中日協力の未来を描いた。

関西地方は日本第二の経済圏で、各府県には中国と長い交流の歴史がある。中日国交正常化以後、大阪を始め関西は長らく中日友好交流のトップを走ってきた。松井一郎・大阪府知事は「今大会は双方の相互理解と友好関係を深めることができるだけでなく、経済交流の発展を促すこともできる。今大会を通じて日中の地域交流がより深く実務的になることを願う」と語った。

二〇一九年六月、主要二十カ国・地域（G20）首脳会議が大阪で開催され、大阪を含む関西地方は中国との交流・協力の新たなチャンスを迎えている。李天然・中国

あいさつをする松井一郎・大阪府知事

駐大阪総領事は「新時代における中日の新たな発展・協力の動きをしっかりと捉え、各分野・レベルでの交流・協力を通して、地方という側面から両国関係の長きにわたる安定に向けて助力しなければならない」と述べた。

日本と中国は隣国同士であり、両国は高いレベルで互恵関係にある。二〇一七年の中日貿易総額は三千億ドルに達し、二〇一八年には前年比八・一％増の三二七六億ドルとなった。また中日間の往来者数は二年連続で延べ一千万人を超えている。出席者はこのチャンスを捉え、両国の平和的な友好関係を維持・発展させていくことで一致した。長榮周作・日中経済貿易センター会長は「一九七八年の改革開放以来、日中両国の経済・貿易協力は急速に増加し、共に発展し生活も豊かになり、多くの分野で互いが欠かすことのできない存在となっている。両国の各界は活発に交流し、理解を深め、協力を強化しなければならない」と話した。

今大会では改革開放四十周年を記念する大型写真展も行われた。多くの日本人参加者が足を止めて鑑賞し、中国の改革開放政策における成果を称賛していた。兵庫県貿易株式会社の監査役・土井英二氏は感慨深げであった。「中国の発展はとても速い。中国には数百回行っており、たゆまない発展と進歩を見ることができ非常にうれしい。中国の発展は日本の企業にとって千載一遇のチャンスだ。日中協力の未来は無限の潜在力を秘めている」

新たな情勢の下、中日関係の発展にとって以前よりも有利な条件がそろっている。中国と日本は世界のサプライチェーンで異なる段階にあり、互いの産業が強い相互補完性を有している。三菱ロジスネクスト株式会社海外事業室の関健一室長は「中国は私たちにとって非常にポテンシャルの高い市場。中国の企業と共に第三国市場協力を進め、アフリカや中東などの地域で、長所をもって短所を補い、ウィンウィンの関係を築きたい」と話した。

会場では中日両国の自治体が協力を強く望んでいることが十分に感じられた。出席者同士の交流は夜まで続いたが、それでも物足りない様子だった。岩木均・大阪府議会議長は、「今回の交流大会は開催時間が長く、人と人、心と心の誠意ある交流がなされ、関西と中国の交流・協力の新たな幕開けとなった。日中間の交流・協力がさらに多くの成果を生むことを願う」と語った。

十一

アジアの平和と繁栄のために貢献

中日韓三カ国協力事務局による「中日韓ビジネスセミナー&ネットワーキング・レセプション」が、二〇一八年七月三日に東京で開催された。イノベーションと起業家精神を支持する三カ国の公的部門、主要経済団体、大企業、スタートアップ企業から約百名が参加した。登壇者は自由に発言し、自らの考えを率直に述べ、各発表に耳を傾けた。出席者の間では、中日韓経済は相互補完性が強く、ウィンウィンな協力関係を築ける見込みは大きいという考えが広く受け入れられていた。

中日韓三カ国協力事務局の李鐘憲事務局長によると、中日韓の協力関係は一九九九年に始まり、現在その水準は著しく向上している。三カ国協力の強化は、開放型の世界経済を構築する上で重要な意義があるという。

中関村サイエンスパークは中国改革開放の産物で、中国における発展とイノベーションの象徴であり、各国の注目を浴びている。中関村プラス戦略新興産業人材開発センターの張国慶理事長は、中関村サイエンスパークの歴史やイノベーション・エコシステム、最新の人材政策などを説明し出席者の関心を集めた。その後、東京都と韓国京畿道創造経済革新センターの担当責任者も、革新型中小企業に対する支援策をそれぞれ紹介した。

中日韓三カ国協力事務局の韓梅事務次長は「大企業は皆スタートアップ企業から発展しており、スタートアップ企業もいつかは大企業になり得る。事務局は二〇一一年に設立され、三カ国の経済・貿易協力を推進し、コミュニケーションやビジネス協力のためのプラットフォームを築いてきた。今回のレセプションでは特に大企業とスタートアップ企業とのネットワーキングの機会を設けた」と述べた。

株式会社Ｌｉｎｃは日本の中国人留学生が大学卒業後に東京で設立した企業だ。創業者の仲思遥は日本で起業した経験を話し、「政府や大企業の支援の下、インターネットの力を借り、中日韓の人材流動化を促し、三か国の協力関係を強化し、人々を幸せにしたい」と語った。

中日韓は海を隔てた隣国で、非常に影響力のある世界の主要経済圏をなす。三カ国の経済・貿易協力関係は強固で活力にあふれ、ウィンウィンな協力関係が将来期待される。二〇一七年、三国間の貿易額は六千四百億ドルを突破し、前年比で一一%増加した。初田竜也氏は科学分野調査研究に携わる会社の社長で、中日韓協力の将来性に大きな自信を持っている。「近年、中国は新エネルギー自動車などの分野で急速に発展し、日韓もこの分野に注目している。三カ国はそれぞれが利点を持ち、相互補完性は強く、さらなる関係強化の未来は無限大だ」

中日韓は設備、技術、資金、市場、インフラ整備などにおいて優位であり、将来が期待される。日本経団連の椋田哲史専務理事は「日中韓は一衣帯水の隣国で、三国間の貿易量は増加し続けている。最近では三国の協力にとどまらず、第四国との協力も急速に増えており、歓迎・支持している。経団連は三カ国のさらなる関係強化を支援し、第四国市場を共に開拓していく」とした。また韓国の全国経済人連合会副会長・厳致成氏は「韓中日が『一帯一路』における第四国市場協力を強化し、スタートアップ企業同士の交流を深め、アジアの平和と繁栄のために貢献することを望む」と述べた。

第三章

中日青年交流

「百聞は一見にしかず」　若者はもっと中国に足を運ぼう

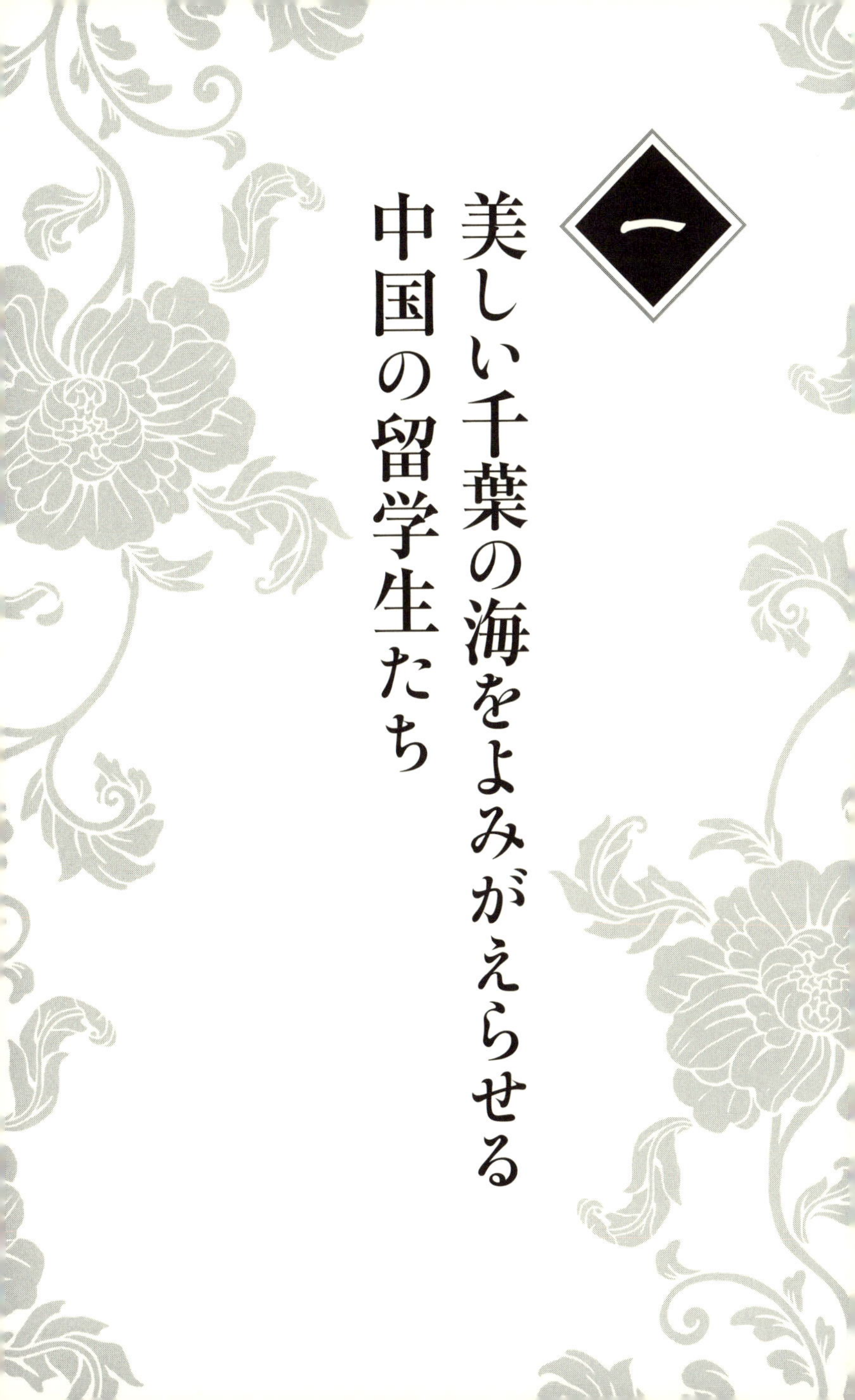

一

美しい千葉の海をよみがえらせる中国の留学生たち

青いTシャツの若者たちが、砂浜で身をかがめたり、しゃがんだりしている。Tシャツの青が、紺碧の海や晴れ上がった空とハーモニーを作っている。彼らは千葉大学や早稲田大学など、十一の大学から来た約百人の中国人留学生だ。普通だったら遊んだり、アルバイトしたり、息抜きしたりできるのに、端午節（端午の節句、中国の祝日）を、彼らは千葉県の稲毛海浜公園でごみ清掃をして、環境保護活動という形で過ごすことにしたのである。

二〇一二年六月二三日の朝十時、多くの留学生が海岸に到着した。そして清掃活動の責任者で千葉地区中国学友会会長の宋武さんが、注意事項や安全への配慮について話した。公園管理所は皆の清掃道具を準備し、様々な作業のコツを説明した。宋さんによると、海岸のごみ清掃活動は今回が二度目という。二〇一〇年六月、中国青海省地震にいち早く寄付をしてくれた千葉県民へのお礼

母親とごみ拾いをする林千恵ちゃん

として、学友会が一度目のごみ清掃活動を行った。それが地元住民や海浜公園管理所、そして留学生からも好評だったのだ。

台風四号「グチョル」が通過したばかりで、木の枝、ビニール袋などのごみが砂浜を「デコレーション」しており、海浜公園の至る所に「カラフル」な光景が広がっていた。先に着いた留学生たちは熊手などの道具でごみを小さい山に積み上げ、十一時になると六つの班があらかじめ決めておいた区域に分かれて清掃活動を始めた。砂浜には生活ごみだけでなく、漂流してきたタコなど、様々なごみが一緒くたに積まれ、悪臭が漂っていた。だが留学生はしり込みすることなく、几帳面に分類し、それぞれ異なるごみ袋へ入れていった。

活動の最中、ごみを拾う小さな女の子に引き付けられた。林千恵ちゃんは四歳で、母親は千葉大学の留学生だ。「娘は清掃活動をずっと楽しみにしていて、この一週間は毎日のように何度も『海のごみ拾いをするのはいつ』と聞かれた。今日は朝早くに自分の身支度を済ませ、ここにやって来た」

千葉市日中友好協会常任理事、越智優さんは、流暢な中国語で話してくれた。「私は中国が大好きだ。小学六年生の時に日中国交正常化が実現し、テレビで中国の風景をたくさん見て、期待に胸を膨らませていた」。現在は中国人が主催するイベントによく参加し、日常生活ではできる限り中国人留学生の手助けをしている。「今日の清掃活動は有意義だった。きっと中国人のイメージが変わると思う」

車で一時間近くかけて参加した七十歳の橘定昭さんは、「最近の世論調査では、八割近くが中国に良い印象を持っていないというが、私はそうではない。日本人は主にメディアを通して中国のことを知るが、中国人と直接交流した日本人は、メディアが伝える姿とは違うことに気付き、中国が好きになる。中国人留学生がこのような活動を主催してくれたことに感動している。次は日本の若者にもっと参加してほしい。きっと日中交流と相互理解が深まるだろう」と述べた。傍らにいた増井敦さんは、「今日はこの有意義な活動を伝える日本のメディアが来ておらず、非常に残念だ。中国人が日本で友好的な活動をしていることを、今後日本でも報道してほしい。日中の国民感情の改善に大きな意味を持つと思う」と話した。

ごみ袋の管理をしていた留学生が、続けて四枚も袋を取りに来た千葉商科大学の女子留学生のことを教えてくれた。その女子留学生に何袋分のごみを拾ったか尋ねると、はにかみながら、数えていないから覚えていないと答えた。彼女はこの日アルバイトの予定があったが、清掃活動に参加するためわざわざ休みを取ったという。

午後一時頃、大小五十以上のごみ袋が一か所にまとめられ、一・一キロの砂浜が以前の美しさを取り戻した。帰る前に多くの留学生が次々とカメラや携帯電話を取り出し、自分の成果を写真に撮って微博（ウェイボー）（中国版ツイッター）にアップし、より多くの中国人留学生や日本人への参加を呼びかけた。

海浜管理を担う千葉市みどりの協会の大森さんは、「台風が通過

多くの中国人留学生が集まり、大切な祝日である端午節を、清掃活動をして過ごした

したばかりで海辺のごみは非常に多く、そんな時に現れた中国の留学生は私たちにとって『救世主』だ。もし彼らの助けがなかったら、二人の管理員で清掃に三日かかっただろう。中国の留学生が美しい千葉の海をよみがえらせた」と語った。

留学の思い出は貴重な「宝」

二〇一七年度中国留学経験者の集い＆
『忘れられない中国留学エピソード』入選作品集発刊式

二〇一七年一二月八日夜、東京は小雨がしとしと降っていたが、中華人民共和国駐日本国大使館の中は熱気に包まれていた。「二〇一七年度中国留学経験者の集い＆『忘れられない中国留学エピソード』入選作品集発刊式」が開かれ、三百人以上の両国関係者が交流した。

二〇一五年から、中華人民共和国駐日本国大使館は毎年年末に「中国留学経験者の集い」を開催し、日本各界から好評を得ている。劉少賓公使が大使代理として挨拶し、「中国留学経験者が自分の強みを発揮し、中日両国各分野の交流・協力を推し進め、両国の相互理解と長期的な友好関係のため貢献してほしい。さらに多くの日本の若者が中国に留学し、中日友好の一員になってほしい」と述べた。

程永華駐日大使は『忘れられない中国留学エピソード』の序文にこう記している。「作者らの留学した年代は半世紀近くにわたり、留学先大学は中国の各地に及び、一つひとつのエピソードが寄り集まって、興味深い作品集を作り上げている。それは二十三万の日本人留学卒業生の縮図をなし、中日両国関係の時代の変遷を反映しており、さらには一つひとつの側面から中国の改革開放以降の発展の道を反映している、ということなのだ」

中国大使館大ホールで開催した日本僑報社主催「忘れられない中国留学エピソード」授賞式にて、劉少賓公使ら大使館関係者や特別賞を受賞した近藤昭一衆議院議員ら受賞者たち

「一つひとつの作品からは、日本の留学生が中国各地で様々な体験をし、中国の人々と真の交流を深め、その貴重な体験が現在の日中関係を支える大事な『礎』、大きなパワーの源となっていることがうかがえる」。福田康夫元首相は序文にこう記す。「未来の日中関係構築のためには、やはり国民同士の交流が欠かせない。日本人が中国を知るには、留学をはじめ旅行、研修、ビジネスなどの方法で中国と実際に付き合うことが重要だ」

三十五年前に北京に留学した西田実仁・参議院議員は「留学の思い出は貴重な『宝』」という作品の中で、中国留学は自分の人生に大きな影響を与えたと書いている。「中国での生活は、中国を知り、日本、日本人である自分を知る大事なきっかけとなる。留学の効用はもちろん、語学の上達にあるだろうが、人生にとっての効用も得られる」

中国留学によって中国が大好きになり、一生中国で暮らす決心をした中村紀子さんは、この日のために武漢から東京に戻って来た。中国生活が十五年になる中村さんは、自分の入選作品が載った『忘れられない中国留学エピソード』を手にし、興奮と感激の様子で、目に涙を浮かべていた。

「現在日本に留学中の彼女・張紅と、ここ西安で暮らせる日を夢見ながら、一歩一歩着実に進んでいきたい」と語る、中国で博士課程在学中の小林雄河さんも遠路はるばる日本に帰ってきた。小林さんが書いたのは、中国のタクシーの運転手との交流を通して互いの理解を深めたエピソードだ。二〇一三年、小林さんは中国政府の奨学金を得て、西安・陝西師範大学で修士課程を修了した。その後、同じ西安の長安大学で外国籍教員となった。二〇一七年九月には陝西師範大学に戻り、博士課程に進学している。

中日国交正常化四十五周年を記念し、中華人民共和国駐日本国大使館の後援により、日本僑報社は二〇一七年四月に第一回「忘れられない中国留学エピソード」の原稿募集を始めた。四十五日間で九三篇の文章が寄せられ、作者は定年を迎えた人や、中国で学ぶ学生、外交官、大学教授、会社役員など様々であった。題材は、中国での出会い、先生やクラスメートとの交流、中国との現在のつながり、知り合った友人や中国の魅力などで、中日関係の発展について意見を述べたものもあった。

四十五篇の入選作品が載った『忘れられない中国留学エピソード』は日本の大型書店で販売されている。段躍中・日本僑報社編集長は、「日本人留学経験者の文章を通じて、彼らが知り得た中国や中国人について紹介したい。日本の方に、この本を読んで中国留学の意義を理解し、中国の魅力を感じてほしい」と話した。

中華人民共和国駐日本国大使館教育部の胡志平・公使参事官は、「中日両国がお互いの留学先としてより良い環境をつくることを望んでいる。中国大使館は日本の若者の中国留学をこれからも奨励・支援していく」と述べた。

自己実現の舞台を与えてくれた中国

日本人初・中国の外国ハイレベル人材ビザ取得

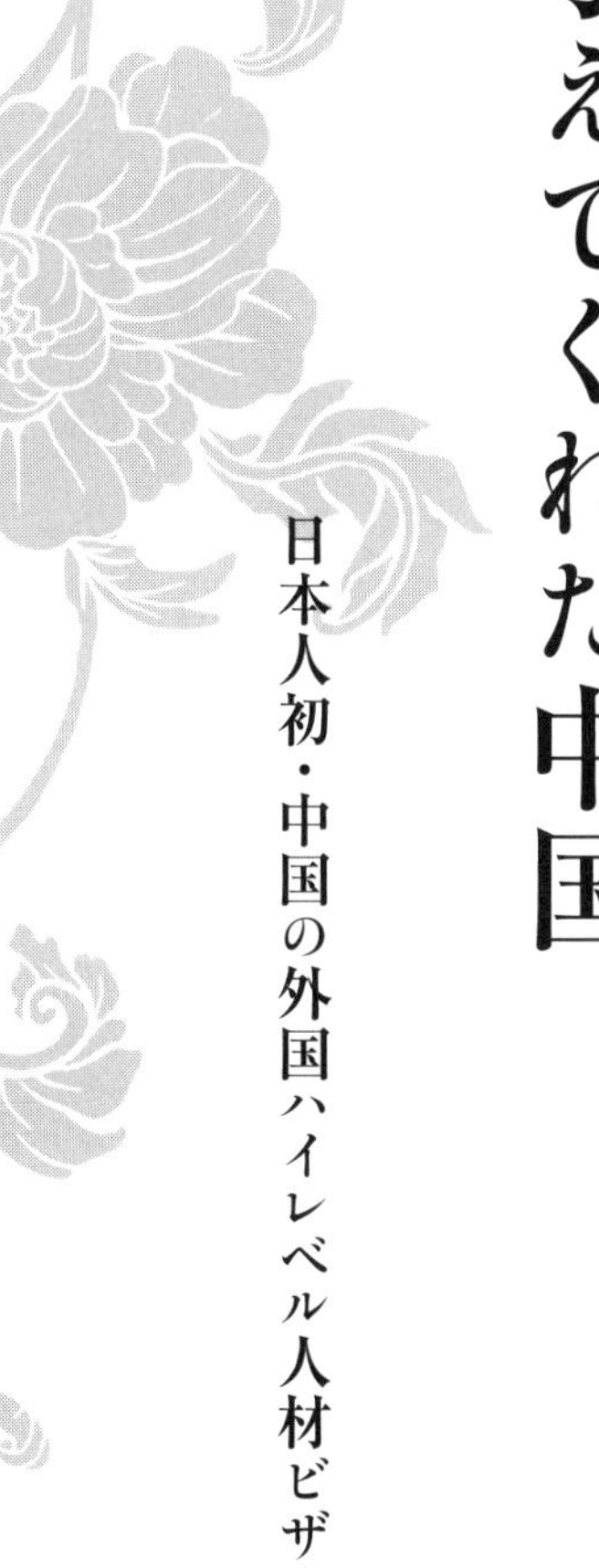

中森菜実さんは中国のSNS「微信（ウィーチャット）」のモーメンツ（タイムライン）に英語で「ビザが下りた！　これから中国へ出発！」と投稿し、中国の外国ハイレベル人材ビザ（査証）を取得した喜びを表し、中国での仕事に大きな期待をふくらませた。

二〇一八年一月三〇日、中森さんは同ビザを日本人で初めて取得した。その後は研究員として中国科学院上海ケイ酸塩研究所に勤務している。

中森さんは二〇一七年七月に博士論文の口頭試問を受けた。八人の面接官のうち二人が中国人で、その中の一人に能力を見出されたのだ。フランスのラ・ロシェル大学で材料科学の博士号を取得した中森さんは、一連のやり取りを経て、上海で働くチャンスを手にした。

「博士課程を修了してすぐに憧れの研究所での仕事が決まり、やりたかった研究が続けられて、私は幸運だと思う。勤務先は自分の専門とマッチし、最新の研究設備がそろっていて、同級生には羨ましがられている」。中森さんによると、日本企業の研究所は制約が多く、自由に研究することができない。一方、大学で働くとなると、授業を担当しなければならず、研究に専念できないという。

二〇一八年一月一日から、中国の在外公館は、外国人材ビザの手続きを簡素化し、ビザの有効期限を最長十年、滞在期間を百八十日に延長した。また審査期間を短縮し、手続き費用も無料にした。なるべく早く中国に行くため、中森さんは仕事が決まるとすぐにビザ申請の準備を始めた。初め申請したのは就労ビザだったが、書類をそろえるのに手間取った。思い悩んでいた時、中国の国家外国専家局と外交部（外務省）、公安部（警察庁）が共同で打ち出した外国人材ビザ制度を知り、視界が一気に開けるのを感じたという。「午前十一時半に東京の中国大使館に行って書類を渡すと、午後四時にビザが取得できると聞いて驚いた。中国はものすごく効率が良い」

「中国は人材をとりわけ重視している」。中森さんによると、ここ数年で中国は特に科学技術分野などで目覚ましい飛躍を遂げ、多くの分野ですでに世界をリードしているという。「素晴らしい仕事のチャンスを与えてくれた中国に心から感謝している。中国の『包容・開放』というシルクロード精神が、思う存分能力を発揮できる環境を用意してくれたのだと思う」

中国に行くのは初めてという中森さんは少しも心配していなかった。「中華料理は大好き。中国の人は親切で、フランスでできたたくさんの中国の友人が、空港まで迎えに来てくれる」。自身の研究を進めながら、上海での仕事と生活のための準備——中国語の勉強をしていた。

「你好（こんにちは）」「谢谢（ありがとう）」「请再说一遍（もう一度言って下さい）」「这个多少钱（これはいくらですか）」……中森さんは中国語の日常会話を丁寧にノートに書き、ピンインや和訳も書き込んでいる。「発音ができないところは、微信で中国の友人に聞くと、辛抱強く教えてくれる」。中国語を学ぶプロセスを楽しんでおり、緊張を強いられる研究の気分転換になっているという。「中国は自己実現の舞台を与えてくれた。またとない仕事の機会を大切にし、上海で研究成果を上げるよう努力したい」

四

中国留学はとても貴重な経験

中国留学経験者同窓会が東京で設立

会場にて挨拶する近藤昭一衆議院議員

早春の三月、桜が花開き、メジロが舞う。二〇一八年三月二一日、東京は春雨が降り続き、最高気温はわずか八℃であったが、日本各地から集まった二百名を超える各界の著名人が期待に胸を熱くしていた。この日、彼らを含む二十数万人の中国留学経験者に、「中国留学経験者同窓会」というコミュニティができたのだ。

「今日は有意義で、すごくうれしい」。かつて復旦大学に五年間留学していた宮本飛悠さんは、感激した様子で語った。来月就職が決まっている宮本さんは、「上海での留学中、周りの中国人とたくさん交流し、大切な思い出ができた。中国が大好きなので、今後機会があれば中国に関係するイベントに参加し、二国間の相互理解と友好交流のために貢献したい」

と語った。

中日友好の基盤は民間にある。陳宝生・中国教育部部長は、「海外留学が結んだ同窓の縁は、この上なく素晴らしい友情だ。このつながりにより、両国の文化交流や、国民同士の心のふれあいが促された。同窓生の方々が先輩方に学び、国民同士の交流を促し、両国関係の健全な発展を推進してくれることを望む」と述べた。

「中国留学はとても貴重な経験だ」と語った早稲田大学三年の遠藤優一さんは、小学一年生の時、両親によって大連の寄宿学校へ送られ、たった一人の留学生活が始まった。「当時、中国語は話せなかったので、両親の決定に納得がいかず反発した。しかし中国の先生や同級生たちが親切に面倒をみてくれ、だんだんになじめるようになった。中国へ送り出してくれた両親に、いまではとても感謝している。問題を考える時の視野をさらに広げることができた」。遠藤さんは二〇一八年八月、再び中国へ留学した。卒業後は日中友好交流のためになることをしたいという。

国の交わりは民の親しさにある。程永華駐日大使は「中国の発展と中日関係の改善は、中国留学経験者が『知中派』という強みを活かす良い機会だ。留学経験者が手を携え、共に努力し、同窓会を中日の交流や協力における新たなプラットフォームにすることを期待する」と述べた。

「最近、中国では現金で買い物をする人はもう少ないというが、私はまだ財布を持ち歩いている。中国はモバイルペイや人工知能分野で世界でも最先端だ。現在、日中は相互学習の時代に突入している」。文部科学省大臣であり、日中友好議員連盟会長の林芳正氏は、中国留学経験者が先頭に立って日中交流の新時代を切り開いてほしいと期待していた。

中日国交正常化以降、累計二十四万の日本人が中国に留学しており、七千六百人以上が中国政府の奨学金を受け取っている。中国留学経験者同窓会は、各界の卒業生による二年余りの準備期間を経て、自発的に設立した非営利団体である。目的は、両国の各分野の交流や協力、中日関係の友好的な発展を推進することにある。

同窓会会長の近藤昭一・衆議院議員は、一九八〇年代初めに北京に留学し、現在は超党派の国会議員による「日中友好議員連盟」の幹事長を務めている。「日中関係は非常に重要だ。中国留学経験者として日本の人々に中国の魅力を伝え、中国の人々に日本の現状を伝える責任がある。今後は同窓会を通じて日中友好交流事業をさらに推進していく」

同窓会では『忘れられない中国留学エピソード』という中日対訳の書籍が多くの注目を集めた。この本は四八名の留学経験者の作文を集めたもので、二〇一七年一二月に日本の各大型書店で発売されて以来、注目度も高く、主要メディアが続々と書評を掲載している。

五

中日友好のために微力を尽くす

中日小学生バスケットボール交流

二〇一八年八月一一日の朝八時過ぎ、沖縄県糸満市の約百人の子どもたちが、保護者に付き添われて市内の真壁小学校に集まった。遠方から来た友達―北京ＭＬＬＢＣバスケットボール学校の児童たちを歓迎するためだ。

九時ちょうど、上原勝コーチがホイッスルを鳴らし、中日混合チームという新たな形の交流試合が始まった。ドリブル、パス、ディフェンス、ブレイクスルー、シュート……選手たちは、言葉は通じないものの抜群のチームワークで積極的にチャンスを狙った。コートの外では子どもたちの声援が途切れることなく続き、保護者も一緒になって応援していた。

一時間の交流試合はあっという間に終わり、一週間の交流活動にピリオドが打たれた。しかし子ども

北京の児童たちを歓迎するため、糸満市からたくさんの子どもたちが集まった

たちは別れがたい様子で、日本の小学生はは手と手をつないでアーチを作り名残惜しそうに中国の友達を送った。「今日はとても楽しかった。機会があったら北京に行ってまた一緒にバスケットボールがしたい」。糸満市の金城星輝くんはこう話した。

中日友好の基盤は民間にある。北京の呉梓安くんは、沖縄の小学生との交流でたくさんの収穫を得たという。「数日間の交流活動によって自分のテクニックを向上させただけでなく、日本の友達がたくさんでき日々成長できた」。また、糸満市に住む照屋佐和子夫妻は小学生の息子を連れて試合を観戦し、胸を熱くしていた。「今日の試合はとても意義のあるものだ。これからも息子がこういった日中交流活動に参加する機会がもっと増えればいいと思う」

「中日のバスケットボールはそれぞれ特色がある。我々は長所をもって短所を補い、互いを手本とすべきだ。活動を通じて、技術を磨いただけでなく、相互理解を深め、信頼関係を築き、両国の友好交流を促した」。北京ＭＬＬＢＣバスケットボール学校の閔偉凡コーチはこう語った。

「二〇一八年は日中平和友好条約締結四十周年で、このような中日青少年バスケットボ

糸満市の子どもたち

ール交流試合を開催したことは特別な意味を持つ」。

糸満市バスケットボール協会の玉城雅夫会長は交流試合のために奔走し多忙を極めた。玉城会長は「今回の交流試合により両国の子どもたちがバスケットボールをさらに好きになっただけでなく、日中友好の絆ができた」と話した。

この交流活動の立ち上げに関わった元プロバスケットボール選手の耿榕(ゴンロン)氏も、両国の青少年と同様に感動と感激の一週間を過ごした。「今回の活動により我々は大きな自信を得た。今後も交流活動を継続・推進していく。バスケットボールを通じて両国の子どもたちがテクニックを披露し友情を結ぶ機会を作り、中日友好のために微力を尽くす」

六

両国の人々が心を通じ合えるよう貢献したい

二〇一八年日本人留学生壮行会

二〇一八年八月一七日、中華人民共和国駐日本国大使館教育部は中国政府奨学金を獲得した日本人留学生一四六名の壮行会を開催した。

「清華大学に留学できる」とうれしそうに語る東京工業大学大学院修士課程一年の菱川湧輝さんは、清華大学化学工程系で学ぶ予定だ。この二年前、菱川さんは中国訪問交流プログラムに参加し、きれいなキャンパス、優秀な教員や学生、中国の急速な発展や活気ある雰囲気に深く魅了され、留学を心に決めていたという。「中国語習得のため努力し、文化を深く理解し、現地の友達と仲良くなりたい。そして日中の科学技術や文化、教育など各分野の交流の架け橋になりたい」

中日両国は一衣帯水の隣国で、教育や留学面の交流の歴史は長く、互いに参考にして共に発展するという点で大事な役割を果たした。中華人民共和国駐日本国大使館教育部の胡志平・公使参事官は「二〇一八年は中日平和友好条約締結四十周年であり、政府間の留学生交流の再開から四十周年でもある。四十年間で累計百万人以上の中国人学生が日本に留学し、中国に留学した日本人学生は二十四万人以上。そのうち中国政府奨学金を受けた学生は七千人余り」と説明した。

日本における留学生の最大の供給国として、中国は現在十万七千人の留学生が日本で学び、同時に中国で学ぶ日本人留学生は一万四千人である。二〇一八年三月、両国の教育部門は「中日教育交流五カ年計画（二〇一八～二〇二二年）」に合意し、両国の教育交流・協力のさらなる推進のため方向性と枠組みを定めた。

中日友好の基盤は民間にあり、両国関係の未来は若者の手に握られている。北九州市立大学中国語専攻の卒業生、中瀬古健さんは十年前に南開大学へ一年間留学し、現在は俳優として活動している。中瀬古さんは九月から北京電影学院で映画における演技を学ぶ予定だ。「日中の映画やテレビ番組にはそれぞれ特色がある。中国で映画における演技法を学びたい。将来は日中合作映画に多く携わり、両国の人々が心を通じ合えるよう貢献したい」

ニューメディアの仕事をしている舩田茂樹さんは、浙江大学でメディア経済学を学ぶ予定だ。「メディアは、日中が交流・協力し心を通じ合わせるための重要な架け橋である。中国のニューメディアの発展は世界でトップクラスだ。中国でニューメディアに関する知識を学び、帰国後は仕事を通じて日中両国の相互理解を深めたい」

国の交わりは民の親しさにある。「これから留学する日本の学生が中国の多くの学生や市民と友達になり、中国社会を深く理解し、日中友好に貢献してくれることを期待する」。中国留学経験者同窓会会長の近藤昭一・衆議院議員は一九八〇年代初頭に北京へ留学した。壮行会では三十数年前の自身の留学体験を披露した。

文部科学省の岩本健吾・大臣官房文部科学戦略官は「現在、日本にとって多くの分野で中国から学ぶべき点が多い。貴重な留学の機会を大切にし、日中の相互学習・参考を促してほしい」と述べた。

いつしか二時間半の壮行会は終わりとなり、参加者は名残惜しそうに記念撮影をして連絡先を交換し、留学生活に期待感をつのらせていた。

中国での思い出を語り
中日友好と相互理解を深める

日本人の中国滞在エピソード受賞作品集 発刊・授賞式

中日平和友好条約締結四十周年を記念し、日本僑報社が主催、中華人民共和国駐日本国大使館などが後援した「第一回忘れられない中国滞在エピソード」コンクールの授賞式が二〇一八年一一月二二日に東京・中国大使館で行われた。程永華駐日大使、日本僑報社の段躍中編集長、伊佐進一・財務大臣政務官、日中友好協会の小島康誉参与や受賞者など約百五十人が出席した。

授賞式では受賞者が相次いで登壇し、中国での体験や友人にまつわる感動的なエピソードを披露した。各受賞者は中国での仕事や勉強、生活を通じ、全く異なる中国を知ったという。また今後は中日友好の架け橋となり、両国関係発展の民間交流の絆を深めたいと述べた。

日本人にもっと中国へ足を運んでほしい

同コンクールは、中国滞在の経験がある人や、現在滞在中の人を対象に忘れられないエピソードを募集した。その目的は中日友好や相互理解を促すことにある。多くの応募作品の中には中国の人々との思い出を書いたものや、中国文化を体験した感想を書いたものなどがあった。受賞作品は『第一回忘れられない中国滞在エピソード受賞作品集「心と心つないだ餃子」』として出版され、日本の各大型書店やネット書店で販売されている。

自民党の二階俊博幹事長は祝電を寄せ「中国に滞在経験のある日本人がその貴重な経験を日中友好に十分活かしてほしい。多くの日本人がこの本を読んでその感動を胸に刻み、自分の目で中国を見て、そこから新たな忘れられない中国滞在エピソードが書かれることを願う」と述べた。

国の交わりは民の親しさにある。程永華駐日大使は祝辞でこう述べた。「コンクールは成功裏に終わり、中日両国国民の相互交流への熱意を十分に示した。中国を何も知らなかった多くの日本人が、交流を通じて中国の人々と相互理解を深め、共感と信頼を高め、最終的には固い友情を結んでいるのを見ることができてうれしく思う」

二〇一八年は中日平和友好条約締結四十周年である。程大使はさらに「中日関係が順調に改善・発展へ向かっている中、両国国民、特に若い人がさらに交流を拡大し友情を深め、中日関係が長きにわたり着実かつ安定して発展するためにプラスの役割を果たしてほしい」と述べた。

段躍中編集長は「日本各地の人々が『第一回忘れられない中国滞在エピソード受賞作品集「心と心つないだ餃子」』を読み、もっと中国へ足を運び、悠久で輝かしい文化や日進月歩のめざましい変化を感じ、素朴で善良な人々と交流してほしい」と話した。

中国の魅力をもっと多くの人に伝えていきたい

多くの日本人が『第一回忘れられない中国滞在エピソード受賞作品集「心と心つないだ餃子」』のエピソードに感動し、中国へ行ってみたいと思っているようだ。

福田康夫元首相は同書に序文を寄せ、「これらの貴重な経験は日中両国国民の相互理解を促す上で重要な役割を果たす」と称賛している。

二〇一八年七月に清華大学を卒業したばかりの原麻由美さんは、十年間の留学生活を振り返り、「世界で一番美味しい食べ物」という作文を書いた。偶然口にした餃子が心と心をつなぐ絆になり、自身の人生に良い影響を与えたという。

中国大使館で開催された日本僑報社主催、中華人民共和国駐日本国大使館後援「第一回忘れられない中国滞在エピソード」授賞式で、受賞作品集に目を通している程永華駐日大使と外務省の代表ら

授賞式で原さんは中国での素晴らしい思い出を感激した様子で語った。二〇〇八年、母親が中国人と結婚したため、十二歳の原さんは母と共に中国に来て、現地の学校に通うようになった。中国に来たばかりの頃、テストの成績が毎回最下位でとても辛かったという。

ある日の放課後、中国人の継父が餃子屋に連れていってくれた。熱々の餃子を食べていると、継父が突然沈黙を破った。「ビリは格好悪いことじゃない、一年間だけ習った中国語で勉強しているあなたと、母国語で勉強してきたクラスメートの成績は違って当たり前なのだから。クラスメートを目標に頑張り、過去の自分を超えて、どんどん進歩していけばいい」。この言葉は原さんの心を芯から温めてくれた。その年の春節、家族全員で餃子を作り、餃子を食べながら話をしようと継父に提案した。それ以来、継父を心から受け入れ本当の家族になることができたという。

原さんは作文の中で「十年にわたる中国留学生活での中で、餃子に負けないくらい熱い愛情を注いでくれたのは、紛れもなく継父だ。餃子は太陽となり私の心を照らし、希望を与え、私と継父の間に国境、血縁をも超えた親子の絆をくれた。餃子は心と心をつないでくれる世界で一番美味しい食べ物だと思う」と書いている。

中国の人々とのふれあいや、現地の文化を学んだ経験は、原さんにとって一生の宝物だという。文章の結びには「中国での素敵な思い出を胸に、中国の魅力をもっと多くの人に伝えていきたい」と記している。

歴史から平和の大切さを理解

程大使は「特に喜ばしく思うことは、歴史記念館や戦争遺跡を見学して中日間の不幸な歴史をよく理解し、中日関係を熟考した文章があったことである。これはまさしく歴史を直視しそれを教訓として未来へ向かう正しい態度であり、両国国民が歴史のいさかいを乗り越え、両国の平和友好協力関係を構築する一助となる」と語った。

東京の中関令美さんは南京のある女性とのエピソードを綴っている。家族に「中国の親友に誘われて南京へ旅行に行くことになった」と伝えると、祖父母はひどく心配し、強く反対した。だが中関さんは家族の反対を押し切り、単身南京へ向かった。

中学の歴史の教科書で南京大虐殺のことを知っていた中関さんは、南京に着くと初め自分の国籍がとても気になった。入国審査の際、パスポートの表紙の「日本」を隠すためにわざと裏にして職員に渡した。その後もタクシー運転手やレストランの従業員に国籍を聞かれる度、内心気が気でなかった。ところが驚いたことに、自分が日本人だと言っても、相手は変わらず友好的に接してくれたのだ。

南京の親友に一番行きたい場所を聞かれ、「侵華日軍南京大屠殺遭難同胞紀念館」に行きたいと答えた。館内を熱心に見学した後、親友に「歴史は変えられない。あの大虐殺が起こったことはもう変えられない。でも私たちは国籍が違ってもずっと友達だから」と言われ、急に涙があふれ出したという。中関さんは「一九三七年に時間を戻すことはできな

日本僑報社が主催、中華人民共和国駐日本国大使館が後援した第一回「忘れられない中国滞在エピソード」コンクール表彰式会場（2018年11月22日、中国大使館大ホールにて）

い。でも私は思う。私たちは歴史から学べる。平和の尊さを」ということを悟った。

文章の最後にはこう書いている。「空港でイーファン（親友の名前）とさようならをした後、私には新たな夢ができた。それは将来、日本と中国をつなぐ存在になること。南京での思い出を胸に、私は明日も夢に向かって歩み続ける」

第四章

中日文化交流

魅力あふれる中国文化の世界

一

「漢語角」中日草の根交流活動六百回を達成

多くの日本人にとって、日曜日の午後は特別な時間だ。二〇〇七年八月五日から毎週、東京の西池袋公園で「星期日漢語角（日曜中国語サロン）」が開かれている。二〇一九年七月十四日、同活動は十二年を経て第六百回を達成した節目を迎え、中日両国の約百名が参加した。

「日本の若者の多くは、中国人との直接交流を望んでいる」。中国風の装いをした東京大学教員・谷垣真理子さんは、五名の学生を連れて参加した。谷垣さんは、日本の学生は中国語を学び、中国の友人をつくる必要があると感じている。今後は大学の教員や学生に「漢語角」を紹介したいという。その谷垣さんから誘われて参加した、東京大学教養学部三年の渋谷宗之介さんは、二〇一九年九月に北京大学へ留学する予定だ。渋谷さんは、すでに中国語をうまく使いこなしているが、毎日様々な方法で中国語の勉強を続けている。「中国留学をとても楽しみにしている。もっと中国を知り、現地の友人を多くつくり、日中友好のために微力を尽くしたい」

日本僑報社が「漢語角」を始めてから十二年、雨にも負けず、風にも負けず、毎週日曜

2007年8月5日のスタートから12年。雨にも負けず、風にも負けず、毎週日曜日に東京の西池袋公園で開いている「漢語角」は、2019年7月14日に600回の節目を迎えた

日に開き、これまでに延べ約三万人が参加した。六百回の記念イベントに孔鉉佑（コンシュワンユー）駐日大使は祝電を寄せ、「漢語角の参加者が努力を重ね、この民間交流の場を活用して友好の伝統を発揚し、両国民の相互理解と友好感情を深め、中日友好事業の新たな力となることを望む」と表明した。

「非常にすばらしい。六百回も続けることは容易ではない。漢語角は日中両国国民が互いの理解を深め、国民感情や両国関係を改善するという点で有益だ」。宮本雄二・元在中国日本国特命全権大使は中国語と日本語であいさつを述べた。「日本と中国は別々の道を歩むことはできない。選ぶことができるのは平和と友好の道だけだ。その道は両国国民の利益にかなうだけでなく、アジアひいては世界の平和と繁栄に資する。漢語角が末永く続くよう願っている」

中日友好の未来は若い世代に託されている。習近平国家主席は日本の青年からの手紙に対し、「中日友好の基盤は民間にあり、誰もがそこに加わることができる」というメッセージを送った。そのことにより、東京学芸大学の学生・小嶋心さんは、大いに鼓舞された。小嶋さんは「これからもっと積極的に日中友好活動に参加していく。中国語を上達させて、中国の友人と直に交流したい」と話した。

日本僑報社の段躍中編集長によると、「漢語角」は一貫して顔の見える交流活動を続け、中日民間交流の重要な場になっているという。十二年間、東京近辺だけでなく、北海道や大阪、名古屋、沖縄など全国各地から集まり、日本人と中国人、またアメリカやロシア、イギリス、フランス、韓国など十数カ国の在日外国人も参加している。

安藤弘人さん（五十三歳）は、中国政府公認の中国語検定「ＨＳＫ」の資料を手にして日本人参加者に説明していた。「漢語角」への参加は百回以上という安藤さんは、中国に三回、計十四年駐在し、改革開放によって起きた大きな変化を目の当たりにした。現在は、空いた時間をほとんど中国に関することに費やし、中国語に大きな魅力を感じている。「中国人は善良で親切。駐在では彼らから多くの助けを得た。帰国後は、その恩に報いるため、日本人に中国の悠久なる歴史文化や急速な経済発展を伝える一方、視察や旅行で来日した中国人に向けて通訳ボランティアをしている」

国の交わりは民の親しさにあり、それは中日友好についても同様である。「両国の民間交流が深まるにつれて、相手国へ好感を持つようになり、戦略的互恵関係も強固なものとなるだろう」。元重慶総領事・瀬野清水さんは、時間があれば必ず「漢語角」に参加し、すでに五十回以上を数える。瀬野さんは、同活動は日中民間交流にとって貴重な機会を提供していると考えている。「こういった草の根交流は、日本と中国の人々をつなぐことができるという点で非常に重要だ」

いつの間にか予定の三時間が過ぎ、終わりの時間を迎えていた。雨が降っていたが、日本人参加者の多くは名残惜しそうに、その場に留まっていた。そればかりか多くの日本メディアが取材を続けていた。日本の主要メディアのベテラン記者は、「私たちの報道を通じて日本人が漢語角のことを知り、参加することを期待している。それによって両国の対面交流が深まり、互いの友好感情が高まることを願う」と話した。

二

笑いあり涙ありのパンダ映画

中国人のプロデュースによる、中国の要素が詰まったドキュメンタリー映画『51（ウーイー）世界で一番小さく生まれたパンダ』が二〇一二年二月一一日、東京で初日を迎えた。朝九時半、東京湾近くの映画館に駆け付けると、大勢のパンダファンがロビーに詰めかけていた。目立つ場所に映画のポスターが何枚も貼られており、たくさんの子どもがポスターの可愛いパンダをさわっていた。上映が始まってもポスターをつかんで離さない子もいた。

この映画は、日本の三十あまりの映画館でも同時上映された。旅日電影の張雲暉（ジャンユンホェイ）が総合プロデューサーを務めたこの映画は、二〇〇六年に中国の「成都ジャイアントパンダ繁殖研究基地」において超未熟児で生まれたパンダ「ウーイー」の物語だ。

「ウーイー」は生まれた時の体重がわずか五十一グラムで、通常の三分の一ぐらいしかなかった。世界で最も小さく生まれたパンダということで、体重をもじり「51＝ウーイー」と名付けられた。飼育員とお母さんパンダが懸命に世話をしたおかげで生き延びることができ、たくましく成長した。映画は「ウーイー」と仲間の成長過程をメインとし、パンダの繁殖や成長の過程を余すところなく記録している。

六十七歳の松本さんは家族で映画館を訪れた。「一九七二年に上野動物園で『ランラン』

と『カンカン』を見てから、機会があれば一家でパンダを見に行っている。数日前にテレビで映画のことを知り、先にチケットを買っておき、朝早く駆け付けた」

上映中はたびたび子どもの笑い声が響いた。二人の子どもを連れて見に来た田中さんは、映画に感動して何度も涙した。五歳の娘は成都のパンダが見たいとせがみ、二歳の息子はあどけない声で「可愛い、好き……」と話した。

上映後、映画館スタッフの梅田さんはこう話した。「日本人はパンダが大好き。多くの家族連れが朝早くから来場し、横浜など遠くから駆け付けた観客もいる。午前中の一回目で満席という状況は珍しい。その他、パンダのおもちゃ、書籍、カードなどの映画関連グッズも人気を集めている」

塩浜雅之監督は、「これは子どもからお年寄りまで楽しめる映画だと思う。大人はパンダ同士の家族愛や恋愛に感動し、子どもは可愛いパンダが大好きになる」と語った。

二〇一二年二月六日には、仙台で被災地復興支援試写会が行われ、被災地から五百名以上の母子が招待された。塩浜監督はこう話した。「映画『ウーイー』は世界で最も小さく生まれたパンダが、誰よりもたくましく成長した物語だ。この映画が被災地の子どもたちに勇気を与えるよう願っている。きっと被災地の人たちが自信を取り戻す助けになると思う」

鄧偉・中華人民共和国駐日本国大使館広報参事官によると、二〇一二年は中日国交正常化四十周年で、中日のパンダ交流も四十周年の節目に当たる。六年にわたる撮影によって完成した映画『ウーイー』が日本で上映初日を迎えたのは意義のあることだという。鄧偉・広報参事官はこう述べた。「映画を通して中日両国の相互理解と友好交流が深まるよう願っている」

三

日本で再び「パンダブーム」

シャンシャンの一般公開

「可愛いすぎる！」

「胸がキュンキュンする！」

……

二〇一七年一二月一八日、東京の上野動物園にパンダ「シャンシャン（香香）」の取材に訪れた記者らが口々に歓声を上げた。生後百九十日目となる一九日の一般公開を前に、約七十社百三十人の報道関係者に向けて、その姿が一足早く披露された。

メスのシャンシャンは二〇一一年に中国から来た「リーリー（力力）」と「シンシン（真真）」の子で、体重は出生時の一四七グラムから一二キロにまで増えた。好物の竹だけでなく、切り株の上で遊ぶのにも夢中になっている。

「来年は戌年だが、私はパンダ年だと言っている」。当日朝に行われた「ジャイアントパンダ『シャンシャン』公開を祝う会」で、小池百合子・東京都知事はユーモアを交えて話

シャンシャンを一目見ようと大勢の報道陣が集まった

した。汪婉・中華人民共和国駐日本国大使館友好交流部参事官は、「来年は中日平和友好条約締結四十周年に当たる。シャンシャンが中日両国の『絆』、『平和と友好の使者』となり、両国国民の友好を深めてほしい」とあいさつした。

一九七二年一〇月、中日国交正常化を記念し、北京動物園のつがいのパンダ「カンカン（康康）」と「ランラン（蘭蘭）」が、中国国民の友好の象徴として上野動物園にやって来た。日本ではたちまち一大センセーションが巻き起こり、長きにわたって衰えることのない「パンダブーム」が形成された。

当時入社一年目の共同通信社記者だった浅野健一氏は、初来日のパンダが空港に到着した時から報道を始め、取材は一年八か月に及んだという。すでに退職している浅野氏はこう語った。「今日上野動物園に来て一九七二年の光景を思い出した。日中友好の使者として、シャンシャンが健康でたくましく成長するよう願っている。同時に、日本政府が中国国民の友好的な感情を受け止め、日中国交正常化の初心に立ち返り、『四つの政治文書』と『四項目の原則的共通認識』を基本とし、『歴史を教訓として未来へ向かう』精神によって、両国の関係改善に努めてほしい」

中国は一九八〇年と一九八二年にそれぞれメスの「ファンファン（歓歓）」とオスの「フェイフェイ（飛飛）」を贈り、一九八六年六月、二頭の人工授精によってメスの「トントン（童童）」が生まれた。当時その誕生は日本で再度パンダブームを引き起こした。トントンは日本で生まれ育った最初のパンダとなった。一九八八年六月には、フェイフェイとファンファンの間にオスの「ユウユウ（悠悠）」が生まれた。

それから数十年後、シャンシャンは再び一大パンダブームを巻き起こしている。二〇一七年六月一二日の誕生以来、何度も日本の主要メディアのトップを飾った。九月二五日には、三十二万人の応募の中から、正式にシャンシャンと命名された。

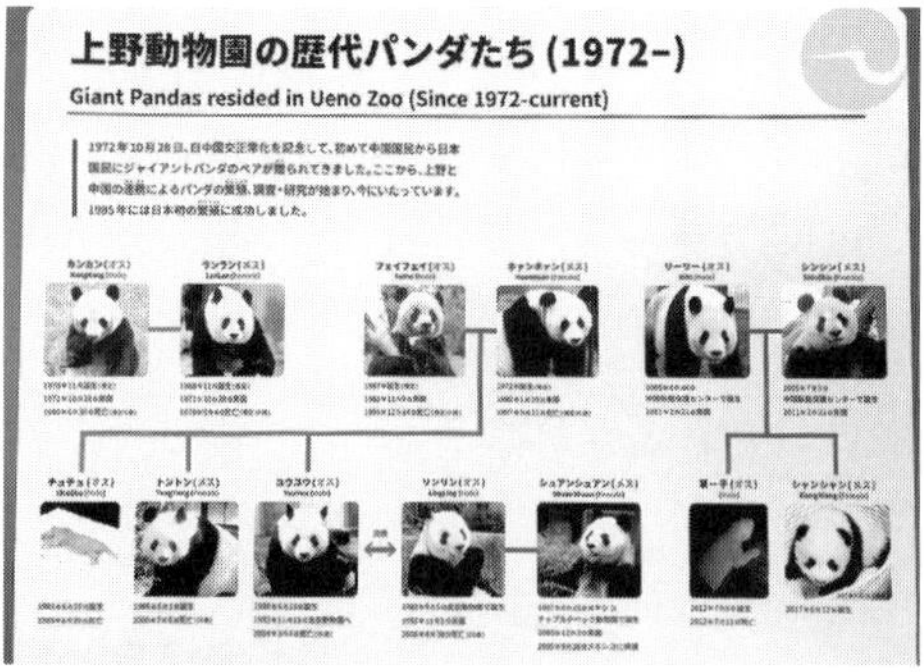

上野動物園のパンダの「家系図」

朝七時前から、上野動物園の入り口には報道陣が長い行列を作り、午前十一時に姿を見せると、隣にいた日本の同業者は写真を撮って感嘆の声を上げた。「シャンシャンはすごく魅力的。ここ最近で、シャンシャンほど注目を集めているものはない」

シャンシャンの家族関係

体調面を考慮し、当面は一般公開を一日当たり二時間半、抽選で四百組に限定した。既に当選結果が公開されている一二月一九日～二八日の倍率は百倍で、とりわけ一二月二三日は百四十四倍の狭き門となった。一人につき見られる時間は二分にも満たないという。より多くの人がシャンシャンを見られるよう、上野動物園は一二月一九日からシャンシャンの様子をインターネットでライブ配信している。

可愛いシャンシャンは、日本に巨大な経済効果をもたらしている。関西大学の宮本勝浩名誉教授の試算によると、東京都にもたらす経済効果は年間二百六十七億円にのぼるという。上野動物園の最寄り駅・上野も、名実ともに「パンダの駅」となった。構内には様々なパンダのポスターが貼られ、売店はパンダグッズが飛ぶように売れ、パンダにちなんだ食べ物や飲み物もよく売れている。「シャンシャンには感謝。店の売り上げが伸びている」。パンダグッズを中心に取りそろえている売店の店員は満面の笑みで語った。

四

再びトキを提供してくれた中国に感謝

中国のトキのつがい、十一年ぶり提供

二〇一八年一〇月一七日、中日両国の主要メディア十数社が見守る中、中国のトキのつがい「楼楼（ロウロウ）」と「関関（グワングワン）」を乗せたヘリコプターが、ゆっくりと新潟県の佐渡空港に降り立った。その後、二羽は佐渡トキ保護センターへ移送された。中国が日本にトキを提供するのは二〇〇七年以来十一年ぶり。佐渡トキ保護センター所長、長谷川修治さんは喜びの表情を浮かべた。「楼楼と関関を心から歓迎する。きっと日中友好の絆になってくれるだろう」

佐渡トキ保護センターでは職員が二羽をかごから出し、基本的な身体検査を行った。同センターの獣医師、金子良則さんは「二羽とも健康状態は良好だ。心を込めて世話をするので安心してほしい」と話した。

中国からはるばる来た二羽を現地の環境に早く順応さ

佐渡空港に到着した中国のトキのつがい

せるため、センターは入念な準備を行った。長谷川さんは報道陣に向けて中国から輸入したドジョウを見せ、日本で初めてのご馳走になったと語った。「近いうちに詳しい検査を行い、状況に応じて今後の飼育方針を決めていく。状態が良ければなるべく早く繁殖に移りたい。楼楼と関関の来日は、日本のトキ個体群の改善と遺伝的多様性の向上にとって極めて大きな意味がある」

トキは鳥の中でも「東方の宝石」と称され、歴史上かつて日本国内に広く分布していた。環境省佐渡自然保護官事務所の獣医師、佐藤知生さんによると、二十世紀に土地開発や農薬の乱用により生息環境が悪化し、トキは絶滅の危機に瀕した。そこで緊急措置としてわずかに生存していた野生のトキを五羽捕獲し、佐渡トキ保護センターで人工飼育を始めた。しかし二〇〇三年、日本最後のトキ「キン（阿金）」が老衰のため死亡し、日本の血統を持つトキはすべて絶滅してしまった。

二〇一八年五月に中国の李克強総理が来日した際、中日友好の象徴として日本にトキのつがいを提供すると発表した。中日トキ保護協力の互恵関係は、世界の野生動物保護史上における成功例となった。佐藤さんは「日中両国は一九八〇年代にトキの保護協力を始めた。中国は日本に五羽のトキを提供し、トキ個体群を再建する手助けをしている。また日本は官民の保護プロジェクトを通じて中国のトキ生息地の保護活動を行っている。現在、日本で繁殖したトキはすべて中国のトキの子孫で、全国に約五百五十羽が生息しているが、それは人工繁殖後に自然に帰してできた野生の個体群であり、主に佐渡島に生息している」と語った。

現在、トキは佐渡島ひいては新潟県のシンボルとなっている。新幹線を降りると、新潟駅の至る所でトキに関連した様々な写真や絵、ぬいぐるみを目にする。佐渡島では牛乳やお米、日本酒など地元製品のパッケージにトキが描かれている。佐渡市産業振興課の祝雅之課長は「佐渡島の人口は六万に満たないが、毎年五十数万人が観光で訪れている。トキの来日は地元の経済発展を大いに促した」と話した。

佐渡島では偶然トキに出会うことがある。車で走っていると、田んぼで餌を探したり、空を飛び回ったりする姿を目にする。佐渡島に住む品川三郎さんは一羽のトキが青空を舞う様子に深く感動し、トキの森公園のボランティアガイドになることを決意した。それから約六年後の二〇一二年、品川さんは試験に合格し、翌年正式なボランティアガイドになった。いまではトキと中日友好のエピソードを語ることを誇りに感じている。

「再びトキを提供してくれた中国に感謝している。トキは日中友好の証だ」。七十一歳の品川さんはこう語った。

トキの「故郷」である中国陝西省洋県と、佐渡市との友好交流記念植樹

五

中国は安心して生活できる

「中国に留学した初日から中国人の親切さを感じた。当時、私は大きな荷物を抱えてタクシーに乗ったが寮を見つけることができず、運転手が一緒にあちこち周って探してくれた。そこに居合わせた初対面の中国人学生も、私の荷物を持って寮を探してくれた」

難波千穂美さんは雑誌『人民中国』雑誌社などが主催する「パンダ杯・全日本青年作文コンクール」で、中国での体験をこのように回想した。難波さんは二〇一三年九月から一年間、天津師範大学に留学した。帰国後、中国での感想を尋ねられると「中国は温かい雰囲気だった」といつも答えているという。

「百聞は一見に如かず」ということわざがある。短期留学、長期勤務いずれも、中国に来た日本人は、ほとんどが社会秩序と友好的で親切な人々に感銘を受ける。日本の主要メディアに勤務する友人は、中国語が分からないものの休みを利用してよく中国各地を旅行している。友人によると「中国社会は管理がよく行き届いており、人々は素朴で親切。大都市でも農村でも、中国は安心して生活できる」という。また長期にわたり上海に住む別の日本人は、「上海は東京の渋谷や新宿よりも安全で、管理も行き届いていると自分は思う」とブログに書いている。

中国の治安を良いと感じる日本人は増えている。中国で働く中村紀子さんは、武漢に住んで十三年になるが、治安はここ五年間でどんどん良くなっていると感じている。来たばかりの頃、中村さんは携帯電話と財布を盗まれてしまった。しかしここ数年、そういった被害を友人から聞いたことがないという。中村さんは「女性が夜に一人で外出できるかどうかは、国や地域の治安レベルを表している。中国では夜でも安心して外出できる」と語った。その後、中国へ戻ったばかりの中村さんからＳＮＳ「微信（ウィーチャット）」を通じ、「中国は、日本に匹敵するほど治安が良い」との連絡があった。

平林孝之さんも「東京よりも治安の良い北京」というタイトルでブログを書いている。

「日本の治安は世界一という報道があり、多くの日本人もそれを信じているが、北京の方が東京より安全だと思う。実際に夜間でも女性が安心して外出できる上、中国の警察、武装警察、城管（違法行為の取り締まりを行う監視員）が忠実に職務を果たし、社会の調和と安定を全力で守っている」

以前中国で働いていた日本僑報社の編集者・小林さゆりさんは、中国のソーシャルガバナンスがハイレベルで近代化していると感心している。二〇〇〇年から二〇一三年まで中国で働いていた小林さんは、二〇一七年一二月に北京を訪れ、治安などの中国社会の発展と行き届いた管理に感服させられた。「この五年で、中国は急速に発展しただけではなく、秩序正しく整理された。地下鉄では整列して電車を待ち、バスでは若者が年配者に席を譲る」。小林さんによると、中国は社会の調和と安定を守り、人々が安定した生活を送れるようになり、世界の注目を集めるようになったという。小林さんはその理由を二点挙げた。一つには良質な伝統文化の継承に重点を置いたことだ。儒教文化を含む中国の伝統文化は「調和」と自己抑制、心の修養を重視している。もう一つは、改革開放政策を行い、各国の優れた文明や成果を吸収し、それを中国のソーシャルガバナンスに活用したことだ。

六

湖北省京劇院
『項羽と劉邦〜覇王別姫』日本公演

二〇一八年六月九日、東京芸術劇場に全国から約八百人が集まり、湖北省京劇院の改編による京劇『項羽と劉邦～覇王別姫』を鑑賞した。半月にわたる日本公演の幕が上がり、日本で京劇ブームを巻き起こした。

開演一時間前の一二時にはすでに多くの観客が会場に押し寄せ、ポスターをじっくり見たり、京劇などの中国文化について話し合ったりしていた。妻と来た杉本茂さん（七十一歳）は、外国人に日本語を教えていた二年前、中国人の友人ができ、中国語を勉強し始めたという。「現代の人々が、二千年以上前の物語をどのように表現するのか見てみたい。また、京劇のセリフと現代の中国語の違いを聞いてみたい。あと、中国の国粋である京劇と日本の伝統芸能である歌舞伎の共通点と相違点について観察したい」。初めて京劇を見に来た杉本さんは、興味津々の様子だった。

京胡（京劇に用いる胡弓の一種）の澄んだ音色に乗せて、京劇は二百年近い歴史を歩んできた。遥かなる濃厚な「西皮（音が大きく跳躍する旋律）」と「二黄（ゆっくりとした旋律）」という二つの曲調と、現代まで受け継がれてきた「唱（歌唱）」、「念（せりふ）」、「做（しぐさ）」、「打（立ち回り）」の基本四技能は、中華民族の知恵の結晶であり、感情の表現技法でもある。京劇は国粋と称され、まさしく中国伝統文化の集大成である。さて『項羽と劉邦～覇王別姫』が描くのは、楚の項羽と漢の劉邦の戦いである。劉邦の参謀・蕭何は、韓信の才能を見抜き漢軍に引き入れた。数年後、強大になった漢軍は項羽と戦い、垓下（四面楚歌の舞台となった地）に項羽を追い詰め、包囲した。項羽の愛人・虞姫は四面楚歌に絶望し、歌と舞いによって項羽に別れを告げ、首をはね自害する。項羽は悲しみと後悔の中、虞姫の後を追って自決する。

『項羽と劉邦～覇王別姫』の舞台

「すごく楽しい。娘と共通の話題がまた一つ増えた」。神奈川県の高野早苗さんは十三歳の娘を連れ、昼食をとる間もなく、電車で一時間以上かけて東京芸術劇場に早々と到着した。まもなく始まる公演に期待感をつのらせていた高野さんは、「中国の文化が好きで、以前にも京劇を見たことがある。今回は娘と一緒で楽しい。娘が最近中国文化に興味を持ち、来年は中国語の授業を受けたいと言っている。それが楽しみで応援している」とうれしそうに話した。

満席となった会場では待ちに待った文化の盛宴を心から楽しんでいた。中国語が分からなくても内容を理解できるよう、舞台の両側に日本語の字幕表示装置が設置された。中日両国は一衣帯水で、二千年余りに及ぶ外交の歴史があり、多くの日本人が中国の歴史になじみが深い。

「公演はとても素晴らしかった。ストーリーは悲壮ではかなく、舞台は非常に精巧で、歌は柔らかで美しく、軽やかだった」。大阪で京劇を見たことがある奥村知記さん（四十七歳）は感動した様子で語った。上演中には何度も激しい拍手が沸き起こり、数十回にも及んだ。「狭い舞台で一度にたくさんの俳優が演じていた。歌唱技術は見事で、演技も素晴らしく、表情も板に付いている。本当にすごかった」と話す埼玉県の吉川さん姉妹は、三十年来の京劇ファンで、ほぼ毎年京劇を鑑賞しているという。「今回は幸運にも五列目の近い席で見ることができた。中国文化は魅力的だ。日本で京劇を見られる機会がもっと増えればいいと思う」

本公演は中日平和友好条約締結四十周年の記念事業の一つであり、日本経済新聞社、N

ＰＯ法人京劇中心などが主催。共催の人民日報社・李宝善社長は、「湖北省京劇院の日本公演は、日本の観客が中国の伝統芸術と文化の理解を深めるために有益だ。また中日両国の人々が互いに信頼し、交流するために大変意義のあるものだ」とあいさつした。河野太郎外務大臣は、「文化交流は、日中両国の相互理解にとって極めて重要な役割を果たしている」と祝辞を述べた。

「京劇は本当に面白い。これから今日の感想をＳＮＳにアップして、友人たちにこの魅力的な芸術を味わってもらう」。ラジオで京劇を知った鈴木百合子さん（五十歳）は、試しに見てみたところ、すぐに夢中になり、中国文化のファンになった。

日本人が手軽に中国の国粋を楽しめるよう、ＮＰＯ法人京劇中心は一九八六年からほぼ毎年、中国各地の京劇院を日本に招待している。「国の交わりは民の親しさにあり、民間交流の本質は心の通じ合いにある。豊かな文化交流は、両国国民の理解を深め、双方の距離を縮める助けになる」。同ＮＰＯの津田忠彦理事長は、日中友好促進のため、今後も中国の優れた伝統文化を日本に紹介していくという。

本公演は湖北省京劇院が豪華な俳優陣をそろえた。朱世慧・同京劇院院長は「我々は七名の国家一級演員を含む四十名の俳優を派遣した。本公演を通じて日本の人々が中国の文化をより深く理解し、中国の輝かしい文化芸術をさらに好きになってほしい」と語った。

『項羽と劉邦～覇王別姫』は、湖北省京劇院が二〇一四年に改編した新作の伝統劇で、京劇の麒派の名作「蕭何、月下に韓信を追う」や梅派の名作「覇王別姫」を元に作られた。両派の伝統的な演目と表現技術を巧みに織り交ぜ、新たなスタイルを確立した。

湖北省京劇院は中国政府が認定する「国家重点京劇院団」であり、日本公演は今回が七度目だ。二〇一八年六月九日～一七日に東京で全一二公演が行われ、二一日と二二日には名古屋と大阪で上演された。

京劇を楽しむ機会がもっと増えてほしい

『西遊記二〇一九～旅のはじまり』日本で好評を博す

二〇一九年六月一一日、上海京劇院による神話京劇『西遊記二〇一九～旅のはじまり』が東京芸術劇場で初日を迎えた。収容人数八百名のホールは満席となり、公演後は拍手がしばらくやまず、多くの人がなかなか席を立とうとせずに感想を語り合っていた。

国の交わりは民の親しさにある。本公演は中華人民共和国建国七十周年と中日文化交流協定締結四十周年の記念事業の一つであり、日本経済新聞社、ＮＰＯ法人京劇中心などが主催した。共催の人民日報社・李宝善社長はあいさつで、「今回、上海京劇院が豪華俳優陣をそろえてくれた。日本の皆さんが『孫悟空』の巧みな技を間近で体験し、神話京劇ならではの魅力を目と耳で感じることができると確信している。これは中国伝統芸術と文化に対する理解を深め、中日両国国民が互いに信頼し交流するために重要な意味を持つ」と述べた。また河野太郎外務大臣は祝辞において、「本公演は中華民族文化の至宝を日本人が身近に鑑賞し、中国文化をより深く理解する貴重な機会になると信じている」と語った。

京劇は中国古典演劇の集大成であり、中華民族文化の至宝とも言える。『西遊記二〇一九～旅のはじまり』は中国名作古典『西遊記』を元に作られた。上海京劇院の張帆・常務副院長は、「本作品は上海京劇の連台本戯（連続劇）のスタイルに基づいて再構築したものである。主演と演出を務める厳慶谷氏は、名優・鄭法祥の至芸『鄭派悟空』の継承者である」と紹介している。

ＮＰＯ法人京劇中心の津田忠彦理事長（七十七歳）は、一九八六年からほぼ毎年、中国各地の京劇院団を招いて日本公演を行っている。「本作品の舞台は多種多彩な姿を見せ、芸術鑑賞に対する観客のニーズを十分に満たす」

「すぐに京劇のファンになった」という東京在住の大谷さん（女性）は高校生の娘と鑑賞し、興奮した様子だった。「躍動感あふれるストーリーだけでなく、見事な立ち回りがたくさんあった。将来、娘と一緒に中国語を学び、素晴らしい京劇を本場で見てみたい」

小島康誉さんは三十年前に北京で古典京劇を見たことがあるという。「この作品は曲芸パフォーマンスだけでなく現代的な要素も多く取り入れている。大きな拍手が鳴りやまなかったのは、日本人がこの作品を気に入ったということだ」

「中国文化は歴史が長く、その世界は幅広く奥深い。伝統と現代が結び付いた京劇を日本で鑑賞できることは非常に素晴らしい。京劇を楽しむ機会がもっと増えてほしい」。自由美さんは二十年来の京劇ファンだ。これまでに数回、中国を訪れて京劇を鑑賞し、同時に中国語の勉強も続けてきた。

上海京劇院は中国国家重点京劇院団に選定され、日本公演を何度も行っている。二〇一九年六月一一日から一六日に東京で八公演を行い、二二日に大阪、二三日に名古屋でも一公演ずつ行われた。張帆・常務副院長は、「私たちは国家一級演員四名を含む五十名余りの俳優を派遣している。本公演を通して中華民族の優れた文化を十分に表現し、上海京劇の精神を伝え、中日文化の友好交流がさらに促されることを願っている」と話した。

八

中国バレエのファンになった

中国国立バレエ団、初の来日公演

高くつるされた大きな赤いランタン、バレエの優雅なステップ、美しいメロディー……二〇一九年五月一〇日、二千人余りが収容可能な東京文化会館の大ホールは満員だった。中国国立バレエ団のオリジナル作品『赤いランタン～紅夢～』は日本の観客に絶賛された。

「見るのは二回目だが、それでも感動させられた。バレエという世界共通の芸術で中国のストーリーを語っており、中国と西洋が融合され並外れて素晴らしい。機会があればもう一度見たい」。舞踊評論家の池野恵さんは、二〇〇二年に香港で同じ作品を見たことがあるが、再び鑑賞し、変わらず惜しみない賛美の言葉を送った。

『赤いランタン～紅夢～』は中国のはかないラブストーリーで、伝統的なバレエの要素を残しつつ、中国の国粋である京劇と現代バレエを見事に結び付けた。奥深い歴史的・文化的背景を持つ優れた作品となっている。約二時間の公演中、観客は息を殺して鑑賞し、会場は静まり返っていた。公演が終わると盛んな拍手が沸き起こり、観客は物足りなさにしばらくその場を離れがたい様子であった。

「すごい」「目と耳の保養になった」「中国バレエのファンになった」「中国芸術を楽しむ機会がもっとあればいい」……会場の内外では、観客が自身の感動を分かち合っていた。

文明は交流によって多彩になり、相互参考によって豊富になる。「中国のオリジナルバレエ作品は日本の観客の心を揺り動かした。演技が完璧なだけでなく、舞台効果、服装、大道具や小道具、演奏も驚くほど素晴らしい」。埼玉県に住む江原孔江さんは、中国の伝統楽器と西洋の古典楽器、バレエと京劇がそれぞれ見事に融合し、とても新鮮に感じたという。バレエを含む中国の優れた文化公演を日本で見る機会が増えることに期待を寄せていた。

『赤いランタン～紅夢～』以外にも、中国国立バレエ団は五月一二日に古典作品『白鳥の湖』を上演した。二〇一九年はバレエ団設立六十周年に当たり、総勢百二十名余りの大規模な初来日公演となった。

バレエ団団長の馮英氏は、「本バレエ団は伝統を保ちつつ革新に力を入れている。バレエという西洋の芸術によって東洋の物語を表現し、中国の文化を外国の観客に披露している。本公演の音楽は中日のアーティストによる共作で、全く新しいバレエを体験することができる。今回の二作品を通して日本の人々が中国の芸術文化をより深く知ることができると信じている」と語った。

中国国立バレエ団は松山バレエ団から熱烈な歓迎を受けた

東京フィルハーモニー交響楽団の石丸恭一楽団長は、中国国立バレエ団との共演を非常に喜んでいた。「本楽団は多くの世界的なバレエ団と共演経験があるが、今回は全く新しい試みだ。『赤いランタン～紅夢～』の音楽は私たちにとっては斬新で、中国の民族楽器を使った演奏もあり、新鮮かつ興味深い。日本の観客はこのような素晴らしい公演を待ち望んでいると思う」

国の交わりは民の親しさにある。公演前、中国国立バレエ団は松山バレエ団などの芸術団体と交流活動を行った。

公演前日、中国国立バレエ団の一行は松山バレエ団を訪れ、メンバー全員による熱烈な歓迎を受けた。中国国立バレエ団のメンバーは松山バレエ団のリハーサル室でウォーミングアップや予行演習を行い、オリジナル作品『敦煌』を即興で披露した。松山バレエ団も『黄河大合唱』などの古典作品を披露した。

松山バレエ団総代表の清水哲太郎氏は感激した様子であった。「中国国立バレエ団との交流は日中国交正常化の前から始まっている。私は一九六〇年代に中国国立バレエ団で学び、革命的現代バレエ『紅色娘子軍』を日本に持ち帰った。中国の人々との長きにわたる友好交流の歴史は、きっと未来へ発展していく基礎となるだろう」

九

多くの日本人に中国の伝統文化を理解してほしい

チャイナフェスティバル二〇一八

「とても有意義だった。本場の中華料理を味わえた上に、輝かしい伝統文化も楽しむことができた。早く中国へ行ってみたい」。二〇一八年九月八日、東京で行われたチャイナフェスティバルの会場で、埼玉県に住む中村保彦さんがこう話してくれた。

中日平和友好条約締結四十周年を記念し、同フェスティバルは九月八日~九日の二日間、東京の代々木公園で開催された。実行委員長の程永華駐日大使は「同フェスティバルは現在の中国を示した盛大なイベントで、中日両国の人々の相互理解と友好感情を深めるための架け橋でもある。中日外交史において民間交流はいつの時代も両国関係を発展させる原動力であった。このイベントが、両国の人々にとって面と向かって交流し、友好感情を高める絶好の機会になると信じている」と述べた。

国の交わりは民の親しさにある。「近年中国は急速に発展し、その様相は日進月歩と言える。日本の人々はもっと中国へ行き、急速な発展の息吹を肌で感じてほしい」。実行委員会最高顧問の福田康夫元首相はこのように語った。「民間交流は国交の基盤である。今回のイベントを通じ、両国の人々が交流と相互理解をさらに深めてほしい」

多くの日本人に中国の伝統文化を理解してもらうため、東京中国文化センターは陝西省から二人の講師を招き、しん粉細工の人形や切り紙細工などの作り方を懇切丁寧に教え、たくさんの子どもたちの興味を集めた。この他、センターの職員も中国結びを教えた。また安慶市黄梅戯芸術劇院や蘭州歌舞劇院など中国の地方演劇団体が素晴らしいパフォーマンスを行い、惜しみない拍手が送られた。

「中国の文化が大好き」と話す、代々木公園の近くに住む加藤亜好美さんは、自宅近くで本場の中国文化や中華料理を堪能し、こんなに楽しかったことはないという。加藤さんは一九七八年に初めて中国へ行った時の様子をはっきりと覚えている。「改革開放から四十年で中国は急速に発展した。チャンスがあればもっと中国に行ってみたい。日中両国は一衣帯水の隣国で友好交流の歴史も長い。この友好関係が永遠に続いてほしい」

同フェスティバルは中日双方の各界から多くの賛同と力強い支持を得た。中日交流に関わる多くの組織や団体の責任者が実行委員となり、両国の外交、文化、観光などの政府機関が後援団体となった。会場内には百以上の展示ブースが設けられ、文化芸術パフォーマンスや文化展示、グルメ、観光情報の紹介などを通じて中国を紹介した。多くのブースの前には長い行列ができた。期間中は激辛中華G1グランプリや激うま麺バトル、卓球大会などのイベントが開催され、日本の人々や在日華人・華僑を含む約十五万人が参加した。日本の人々はＳＮＳにイベントの写真を次々とアップし、家族や友達に参加を勧めていた。多くの日本人が中国の輝かしい歴史や急速に発展する現在をさらに理解し、中日関係がさらに友好で親密になるように願っていた。

中日友好の架け橋である人民日報海外版

人民日報海外版　日本代理人　秋岡家栄　インタビュー

「人民日報は仕事上の同僚というだけでなく生活の伴侶でもある」

「朝日新聞社で三十年働いたが、その後の三十八年は人民日報にこの身を捧げてきた」

人民日報海外版の日本代理人である秋岡家栄氏（九十三歳）は壮健な様子で、人民日報のことになると話が尽きない。

北京で始まった人民日報との縁

東京に住む秋岡氏には五十年以上続けている習慣がある。人民日報を熟読することだ。人民日報との関係は一九六〇年代にさかのぼる。一九六七年一一月、朝日新聞社の記者として北京に駐在することになった。出発前に会社から命じられた任務は、日中友好を促進し、国交正常化に向けて着実に前進することだった。北京に着くと、すぐに中国外交部へあいさつに行ったが、ある若い外交官の「人民日報をたくさん読んだ方が良い」というアドバイスに大きく影響を受けた。そこから人民日報との関係が始まった。

当時、郵便局を通じて人民日報が届くのは翌日であった。なるべく早く読みたいと切に願う秋岡氏は、手っ取り早い方法を見つけた。毎朝十時過ぎ、運転手に頼んで王府井にある人民日報本社の販売所まで連れて行ってもらうのだ。購入したものを午後いっぱいかけて自宅で読み、それから人民日報の日本語原稿を書き、夜八時前には電報で日本へ送った。

秋岡氏にとって、五年間の北京駐在は自身の記者人生の中で最も輝かしい経験だ。駐在中、周恩来総理に何度も面会している。一九七二年九月上旬、当時の田中角栄総理大臣が訪中する前夜、人民大会堂で周総理と面会した。周総理と握手した時の写真はいまでも大事に保管しているという。そして同月二九日、中日両国はついに国交正常化を実現させた。任務を終えた秋岡氏は、同年一〇月に帰国の途に着いた。

五年の北京生活では、毎日人民日報と付き合い、離れることができなかった。「人民日報は仕事上の同僚というだけでなく生活の伴侶でもある」。帰国後、秋岡氏は人民日報をタイムリーに読むことができないことをいつも思い悩んでいた。

東京で続いた人民日報との縁

中国が好きな秋岡氏にとって人民日報は特別な存在であり、それを発行・印刷することは中日友好の貢献につながると考えた。「人民日報との縁が半世紀以上も続き光栄だ」。人民日報の発行人を二つ返事で引き受けたのは、この新聞や中国が好きで、中日友好に貢献したいという思いからだ。

一九八〇年四月、朝日新聞社を退職した。中国と人民日報に対する思い入れが強かった秋岡氏は、日本にいても人民日報を手軽に購読できるように、人民日報を日本で発行する仕事を始めた。度重なる困難を乗り越え、同年一二月に日本での印刷・発行を始めた。

秋岡氏の目には、人民日報の印刷を始めた三八年前の体験がいまでもはっきりと浮かんでいるようだ。現代の若者にとって当時の状況は想像しがたいだろう。まず一枚の厚紙に刻字された人民日報の原版が、朝一番の飛行機で成田空港に着く。次に運送会社が

2018年5月、取材を受ける秋岡家栄氏（右）

東京へ運ぶ。それを受け取った秋岡氏が印刷所へ持ち込み急いで作業し、夜になってようやく印刷が出来上がる。翌日、中国大使館や中国研究者、華僑・華人や留学生の元へ届けられる。

人民日報の発行を始めたばかりの頃は様々な困難に直面したが、多くの心優しい日本人や華僑・華人が何も言わずに支持してくれたという。政府代表として中日平和友好条約に署名した園田直・元外務大臣からは、直々に励ましの電話をもらった。穂積七郎・元衆議院議員からは「日中友好の架け橋になった」と称賛された。たくさんの人の支持に感銘を受けた。「当時、多くの中国研究者に感謝された。いち早く人民日報を読むことで、中国の最新動向を知ることができるようになったからだ」

一九八五年に人民日報海外版が創刊されると、印刷・発行事務の代理人になった。人民日報と出会ってから半世紀が過ぎ、九十歳代に突入した秋岡氏にとって一番うれしいことは、科学技術の発展と進歩により、日本の読者が毎日昼頃にはその日の人民日報海外版を読めることだ。

秋岡氏の娘は知らず知らずのうちに父の影響を受け、いまでは中日友好に尽力している。

二〇一五年、自身の仕事の大部分を娘に引き継いだ。中日両国を頻繁に行き来する秋岡栄子氏は「人民日報がさらに発展し、この新聞を愛読する日本人が増えることを願う」と語った。

十一

「中国 日本 ティーンエイジアンバサダー」友好の種をまく

二〇一八年七月一七日、中華人民共和国駐日本国大使館主催の「中国 日本 ティーンエイジ アンバサダー（中日小大使）十周年記念パーティー」が開催された。中日の歴代ティーンエイジ アンバサダー約六百名が、十周年記念の短編映像を鑑賞した。またこれまでの活動の思い出を共に振り返り、中日友好の素晴らしい未来を展望した。

安倍晋三首相は同日、中日の歴代ティーンエイジ アンバサダーの代表二百名と首相官邸で面会した。安倍首相は「皆さんには交流活動を通じて友情を築き、両国の理解を深める役割を果たしてほしい。将来は各分野で日中友好の架け橋となることを望む」とあいさつした。

青少年は国家の未来を担っており、中日友好事業の後継者でもある。中国政府は民間交流を支援し、両国各界の人々、特に若い世代が中日友好事業に積極的に取り組み、交流・協力する中で理解を深め、信頼関係を築き、友好関係を育むことを奨励している。

記念パーティーでは中日のティーンエイジ アンバサダーがそれぞれ民族的特色のある歌や踊りを披露し、英語曲『ウィ・アー・ザ・ワールド』を合唱した。青少年たちは積極的に交流して大いに盛り上がり、若い世代ならではの自信や明るさ、活気に満ちていた。

程永華駐日大使は「主催者が事業をさらに発展させ、友好交流のメンバーに加わる学生をさらに集めてほしい。またティーンエイジ アンバサダーたちが機会を捉えて相手国とその社会に対する理解を深め、素晴らしい文化を体験し、互いに良き友人・パートナーになることを願う」と述べた。記念パーティーに参加したティーンエイジ アンバサダーの代表は、「二〇一八年は中日平和友好条約締結四十周年に当たり、両国の若い世代として友好の種を積極的にまき、この活動を通じて相互理解を深め、固い友好関係を結び、それを次の世代に伝えていきたい」と次々に発言した。

「中国 日本 ティーンエイジ アンバサダー」事業は二〇〇九年に北京市と日本のイオングループが共同で立ち上げ、中日両国の高校生の相互訪問・交流活動を組織し、両国政府、企業、学校及び各界から厚い支持を受けている。十年間で中日の高校生千三百名以上が同事業に参加した。高校生たちは授業体験やホームステイ、伝統文化体験や環境・科学技術活動を通じて相互理解と友好を深めている。

主催者であるイオンワンパーセントクラブの横尾博理事長によると、「ティーンエイジアンバサダー」事業は両国の青少年の相互理解と友愛を深めているという。また北京市政府の尹培彦副秘書長は以下のように述べた。「イオングループ名誉会長の岡田卓也氏は北京市名誉市民として、改革開放四十年の発展と中日友好平和条約締結四十周年の過程をその目で見てきた。二〇一八年、岡田氏は中国改革開放友誼勲章の北京市候補者に推薦された。将来を展望し、北京市政府はこれまで通り『ティーンエイジ アンバサダー』を含む事業を支援し、中日双方が共に努力し、姉妹都市交流や民間交流によって中日関係の改善と発展を推進していく」

十二

同胞の求めに対し迅速に対応

二〇一八年の九月四日、超大型の台風二十一号が大阪を通過した。関西国際空港唯一の連絡橋が損壊し空港が閉鎖され、大勢の中国人旅行者が空港に取り残された。李天然・中国駐大阪総領事は職員チームを率いて、その夜すぐ現場に駆け付けた。中継輸送のバスに飲料水や非常食を用意し、車を手配して旅行者を大阪市内まで送り、旅行者への情報提供やサポートを随時行った。滞在が長時間に及んだため三十人のツアー旅行者が尿毒症にかかり、命の危険にさらされた。総領事館は尿毒症患者が翌日朝一番の便に搭乗できるよう速やかに手配し無事に帰国させた。また千四十四名の中国人旅行者を六回に分け、二十四時間以内にバスで大阪市内まで安全に移送した。

中国駐大阪総領事館の全職員が動員され、救助に携わった。総領事館は東京や名古屋の航空会社に増便や大型機への変更を手配した他、中国遠洋海運集団のフェリー「新鑑真」号の力を借り、大阪及び周辺地域の旅行者百八十一名を無事に帰国させた。出港時、旅行者たちは船上から中国の国旗を振りかざし「祖国万歳！　ありがとう祖国！」と大声で叫んでいた。

東京から約二百五十キロ離れた長野県には九千人余りの中国人が在住しているが、彼らが領事手続きを行うためにはわざわざ東京まで出向く必要がある。そこで九月一日、中華人民共和国駐日本国大使館領事部の詹孔朝・参事官兼総領事が多くの職員を伴い県庁所在地の長野市に赴き、「一日領事館」を開催した。二百人以上の中国人を受付し、百五十件余りのパスポートや旅行証（パスポートの一種）の申請手続きを行い、各種証明書に関する問合せに答えた。また最近頻発している電話やメール、ネット詐欺に対して予防効果のある領事保護について説明し、大使館の公式ホームページや微信（ウィーチャット）の公式アカウントをチェックし、最新の情報を得るよう注意を促した。

二〇一八年七月四日早朝、中華人民共和国駐日本国大使館の領事保護担当に、ある中国人から緊急の電話がかかった。自分を含む十一名の中国人が富士山の登山中に強風に遭い、装備が不十分だったため二名が重い低体温症にかかり、命の危険にさらされているという。その日、職員は中国人、現地警察、入国管理局などに六十回以上電話し、書類での調整を何度も行った。午後三時頃、十一名の中国人はついに富士山ふもとの安全区域まで送り届けられた。

近年、在日中国人や訪日中国人の数が日を追って増加している。在日中国大陸人は現在計七十四万人余りで、毎年の訪日中国大陸人も延べ七百三十万人を突破した。この他香港やマカオ、台湾からも日本へ居住または旅行している。国慶節前夜、訪日旅行者により良いサービスを提供するため、中華人民共和国駐日本国大使館領事部は微信（ウィーチャット）で安全上の注意や一一〇番・一一九番などの情報を発信した。

第五章

中国の発展道路

中国共産党の指導が成功のカギ

一

中国の古典と日本の自然科学者

日本の学者でありながら、三名の中国科学院院士を育成

「彼らは非常に優秀。聡明である上によく努力する。私はただ彼らを励まし続けてきたに過ぎない」。三名の優れた弟子について、東京理科大学名誉教授の藤嶋昭氏（七十六歳）は謙虚に答え、幸せそうな表情を浮かべた。

中国工程院外国籍院士（最高位の称号）である藤嶋氏は著名な化学者でもある。五十年前、東京大学の大学院で学んでいた頃に光触媒を発見し、長年その研究を進め大きな成果を得た。その研究成果は多くの製品に応用され、建築や生活の分野で広く使われている。ルーブル美術館や中国国家大劇院など、世界の有名建築のガラス製カーテンウォールがその一例だ。これまで多く表彰されているが、二〇一七年には日本政府から最高の栄誉である文化勲章を授与された。ノーベル賞候補者の一人でもあり、毎年ノーベル賞の発表前夜

2018年5月、東京理科大学で取材を受ける藤嶋昭氏（左）

には、多くの記者が研究室の前で待機する。

東京大学の教授を務め、退職後は神奈川科学技術アカデミー理事長、科学技術振興機構中国総合研究センター・センター長、東京理科大学学長を歴任。長きにわたり積極的に中日両国の科学技術交流を推進し、なかでも両国の若手研究者の研究協力に力を注いできた。

中国の発展は速すぎる

北京の学会に出席して東京に戻った翌日の二〇一八年五月五日、土曜日にもかかわらず、藤嶋氏はいつも通り大学の学長顧問室で仕事をしていた。世界的な化学者の表情は高揚感にあふれ、疲れは全く感じられない。狭い室内には様々な賞状が並んでおり、どれもその研究分野においては権威のあるものばかりだが、一番大事な「賞状」は教え子たちだ。特に、数十人の優秀な中国人留学生を誇りにしている。

一九七〇年代後半、中国の公費で訪問してきた研究者が藤嶋氏の研究室を訪れたのをきっかけに、中国と深い縁を結ぶことになった。毎年、中国の学会に参加し、共同研究を展開し、交流プログラムを推進している。その回数は現在までに百回を超えるという。

藤嶋氏は、四十年前に初めて中国を訪れた時のことをはっきりと覚えている。北京は車がほとんど走っておらず、外国人が泊まるホテルは指定され、多くの場所が外国人には開放されていなかった。「中国の発展は速すぎる。あれから四十年後、中国が世界も注目する成果を収めるとは当時誰も予想していなかった」

過去を振り返り、感慨もひとしおの様子であった。「中国は世界第二の経済大国になったばかりか、科学技術分野でも世界トップに躍り出た。化学研究の点において、かつての中国にはまともな実験設備がそろっていなかったが、いまでは実験環境が日本より整っている」

「中国の制度は国情に合っている。優れた指導者は人々を導き、幸せで素晴らしい生活を創造することができる」。藤嶋氏は自然科学者でありながら、中国の発展成果について自身の見解を持っている。

国の交わりは民の親しさにある。藤嶋氏は、習近平国家主席の掲げる人類運命共同体理念に賛同し、科学研究分野に国境はないと考え、中日両国が科学技術分野の交流をさらに深め、人類を幸せにすることを望んでいる。

祖国に戻って科学研究を進めるべき

「帰国して働くことこそがより良い帰着点だ。博士課程やポスドクの勉強はそのための基礎作りなのだから」

博士課程の只金芳さんが中国での就職を考えていた時、藤嶋氏は賛成した。留学生を引き留めて日本で働くように勧めたことは一度としてなく、祖国で奮闘すべきと思っている。また、自身の研究室で働く中国人研究員にも帰国を勧めている。二〇〇六年、五年間働いた張昕彤（ジャンシントン）さんに「君は帰国するべきだ。私はここで仕事を提供し続けることはできるが、君の将来までは保証できない。君自身のことを考えると、祖国に戻って科学研究を進めるべきだ」と話した。張さんは翌年、中国の東北師範大学の教職に就き、現在までに十二名の博士、二十二名の修士を育て上げた。

藤嶋氏は学生を手厚くサポートしてきた。中国人留学生が帰国して自分の研究室を持てるよう何度も援助した。一九八〇年代、教え子の中で初めて博士を取得した陳萍（チェンピン）さんが帰国することになり、順調に実験を進められるように、回転リングディスク電極装置を贈った。装置の値段は百万円以上で、教授になったばかりの藤嶋氏にとって大きな出費だった。

一九九三年には、博士を取得した劉忠範さんが、北京大学化学系の教職に就くことになった。自慢の弟子を支援するため、井口洋夫教授と共に、トラック一台分の最新の機器と実験材料を劉さんに贈った。

藤嶋氏は中国人留学生に対して自分の子どものように接し、研究指導以外にもあらゆる面で生活の面倒をみてきた。生活費を立て替えたり、留学生が安心して勉強できるように私費を投じてアパートを提供したり、自ら大使館に赴いて手続きを行ったり……この四十年間で、三十数名の中国人留学生が博士を取得し、中国の有名大学や研究所に就職した。中でも姚建年（ヤオジエンニエン）さん、劉忠範さん、江雷さんの三名は中国科学院の院士に選ばれた。

中国の古典から得るものはとても大きい

二〇一八年三月末、藤嶋氏は東京理科大学の学長を退任した。事務仕事が減り自身の好きなことに一層専念できるようになったという。「私はいま、主に二つのことに取り組んでおり、どちらも中国に関連している。一つは専門研究で、光触媒の国際協力を推し進めること、二つ目は科学普及活動で、多くの子どもたちに理科を好きになってもらいたい」。

藤嶋氏によると、一つ目については、教え子の江雷さんと協力し、毎年何度も訪中している。また先ごろ、北京市から中関村（国家ハイテク産業開発区）の海外戦略科学者として招聘されたばかりだ。

自然科学者にもかかわらず、藤嶋氏は中国の古典を百冊以上読んだことがあるという。「中国の古典から得るものはとても大きい」と言い、本棚から自書『理系ための中国古典名言集』を取り出した。「小学生の頃から『論語』などの中国古典を学び始めたが、当時は若くて経験も少なく、広くて深い中国文化をあまりよく理解していなかった。博士課程修了後、科学研究に携わる中で、中国文化の深い魅力に気付いた。先賢たちが数千年前に語った言葉は、現代の科学研究に通ずるところが大いにあると思う」

二〇一六年、藤嶋氏は『科学者と中国古典名言集』を出版した。「中国文化は非常に敬服に値する。孔子、韓非子などの中国の先賢たちが数千年前に語った言葉は、現代の有名科学者が語った言葉と非常に似ている。私はその一つひとつを記録し、最終的に一冊の本にまとめた。若い研究者たちがこの本を手に取り、知恵をくみ取ってほしい」。二〇一七年には、子どもでも読めるよう、妻の意見を取り入れ『やさしい　科学者のことばと論語』という本を出版した。

座右の銘は「物華天宝、人傑地霊」だという藤嶋氏は、ノートにこの八文字を書きながら説明してくれた。「これはとても良いことを言っている。唐の詩人・王勃の有名な詩の一節で、科学研究にも通じる言葉だ。すなわち科学技術（物）の成果（華）は『天』に隠された『宝』であり、それは優れた学習環境や条件（地霊）を持つ個人や研究グループ（人傑）によって見出される、ということだ」

最後に、「中国文化の魅力は計り知れない。すべての中国の人々は自国の文化に自信を持つべきだ」と誠意を込めて語った。

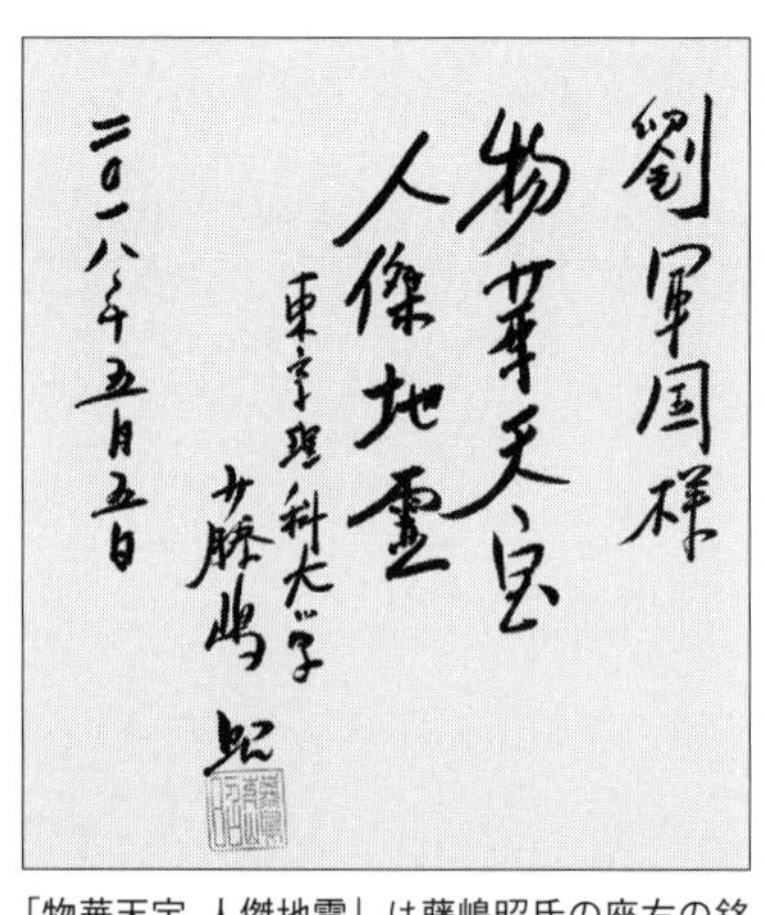

「物華天宝 人傑地霊」は藤嶋昭氏の座右の銘だ

世界の政治文明を築く模範を示した

慶応大学経済学部　大西広教授　インタビュー

「中国が改革開放を開始して四十年、各方面で史上かつてない成果を上げ、多くの外国人を驚かせた」。慶応大学経済学部の大西広教授は、中国の改革開放についての感想をこう述べた。

大西氏は一九九二年に初めて中国を訪れ、当時受けた印象は忘れがたいという。大西氏は大好きなコーヒーを例に挙げ、当時上海ではレギュラーコーヒーを売っている所が見つからなかったが、いまでは北京や上海、広州などの大都市だけでなく、中国西部の小さい町でも買うことができると語った。「一滴の水から大海が見える。たった一杯のコーヒーから、中国の改革開放以降に起きた多大な変化を感じることができる」

その後大西氏は毎年中国を訪れ、その頻度は一年に十数回に及ぶこともあり、中国の改革開放の過程をその目で見ることができた。「中国が改革開放政策を開始してから、まず北京、上海などの大都市が発展し始め、続いて沿海部の都市が栄え、その後中部も途切れることなく勃興、西部も日増しに豊かになった。中国の改革開放の成功により数億もの中国人が貧困から脱したが、これは本当に奇跡だ」。このことは、中国共産党改革と発展で得た恩恵をより多く・公平に国民全体へ分け与え、「国民全体を共に豊かにする」という目標に向かって努力し続けていることを十分に証明しているという。

「中国共産党は国民の幸福のため福利を図り、長期的な観点と戦略的な高い見地から国家の発展についてトップダウンを進め、国民が一歩ずつ事に当たるよう導いている」。大西氏は、中国の改革開放が成功した最も根本的な要因は、中国共産党の適切な指導にあると考えている。マルクス主義で武装した中国共産党は、その主義の基本原理と国内の実情、歴史や文化の伝統、時代のニーズを緊密に結び付けた。実践の過程で絶えず総括を探求し、思想を解放し、実事求是（事実に基づき真理を追求）の姿勢で、時代と共に前進しているのだという。

大西氏は「習近平国家主席が打ち出した『新時代の中国の特色ある社会主義思想』は、マルクス主義の発展に独自の方法で貢献し、中国の時代のニーズに適している。これは現代中国のマルクス主義だ」と語った。

百回余りの訪中で、大西氏は中国の各地・各層の人々と幅広く交流している。「特色ある社会主義」における最も本質的な特徴は中国共産党の指導であり、それこそ社会主義制度の最大の強みであるという。「中国共産党の指導による多党協力と政治協商制度は、それぞれの民族、地域、宗教、分野、階層における異なる利益を融合することが可能だ。『特色ある社会主義』の政治制度は欧米諸国における民主政治の欠点を克服し、世界の政治文明を築く模範を示した」

「中国の改革開放は多くの国、特に発展途上国にとって参考にすべき重要な価値がある」。広大な発展途上国は、歴史的な経緯により国際社会での発言権は弱く、自身の正当な利益が保障されないことが多い。中国の外交は新型国際関係や人類運命共同体の構築へ向かい、グローバル・ガバナンス・システムの改革と建設を後押しし、発展途上国の前途を明るく希望のあるものにしているという。

中国の経験は発展途上国にのみ価値がある訳ではない。大西氏は、いくつかの国の政党は選挙のために近視眼的な政策を採り、貴重な発展の機会を無駄にし、長期的には国の発展を妨げていると考える。「中国が改革開放で得た貴重な経験を、先進国も積極的に学ぶべきだ」

二〇一八年四月に開催されたボアオ・アジア・フォーラム年次総会で、習主席は中国の開放拡大における一連の新たな重要施策を発表した。大西氏は、習主席の基調講演は中国が揺るぎなく改革開放を深めるという立場を示し、改革開放の再出発という高らかな宣言を発したものだと考える。「現在世界は反グローバル主義が沸き起こり、貿易・投資保護主義が台頭し、多国間貿易システムが試練に立たされている。主要な開放型の経済大国として、中国は開放拡大における一連の重要施策を打ち出した。それは経済のグローバル化をより良い方向に導き、さらなる開放・包容・普遍的恩恵・均衡・ウィンウィンに向けた発展を後押しする。その点において、改革開放は現実的な意義が大いにある」

三 改革開放は世界にとって重要な手本

国際貿易投資研究所　研究主幹　江原規由　インタビュー

「改革開放により、中国国民はこれまでにない幸福を経験しただけでなく、未来への無限の可能性を手にした」。経済学者の江原規由氏はこのように語った。

一九七八年一二月、中国共産党第十一期中央委員会第三回全体会議が開かれ、内部体制の改革及び対外開放政策が始まった。この年、江原氏は研修のため勤務先の日本貿易振興機構から香港大学に派遣されていた。当時から長年にわたって中国の経済動向に注目し、改革開放政策を研究している。

帰国後、中日経済協会へ出向となった。一九八〇年一月、訪問団に加わり初めて中国大陸を訪問し、中国国民の改革開放に対する情熱に驚き、心服した。日本企業が次々と中国に投資して工場建設をするのに伴い、江原氏は一九九三年に日本貿易振興機構から中国に派遣され、大連に事務所を設立した。その後、日本貿易振興機構北京センターの所長を務め、二〇一〇年には上海万博日本館館長を務めた。主な任務は中国経済レポートの執筆と、中国経済政策の分析であった。

定年を迎えた江原氏は現在、国際貿易投資研究所の研究主幹を務めており、いまも中国経済の研究を続けている。改革開放の四十年の歩みをその目で見続けてきた。

「改革開放は、中国国民に幸福をもたらしただけでなく、世界の経済発展に多大な貢献をした」。江原氏によると、二〇一三年～二〇一六年の、世界経済の成長に対する中国の貢献度は三〇％以上だという。それは米国や、ＥＵと日本の合計を上回り、世界一位である。中国は世界百二十あまりの国や地域にとって最大の貿易パートナーなのだ。同時に、中国は世界第二の対外投資国であり、二万以上の企業が一八八の国と地域に三万七千あまりの企業を設立し、対外投資額は全世界の一〇％を占め、米国の次に迫っている。

江原氏は、改革開放の目標は国民全体が豊かになり、幸せな生活を送ることだと考える。これは二〇二〇年に全面的な「小康社会（ややゆとりある社会）」を作り上げた後に中国が進む目標でもある。二〇三五年に「社会主義近代化の基本的実現」を果たし、二〇五〇年に「社会主義近代化強国」を建設する……中国共産党第十九回全国代表大会では、幸福な生活を創造し、国民全体を豊かにするための鮮やかな青写真が描かれた。

江原氏は、改革開放は国民全体を豊かにしただけでなく、全世界を豊かにする方法を示したと考えている。いま世界では貧富の格差、テロリズム、気候変動などの問題が続出しているが、習近平国家主席が提唱する「人類運命共同体の構築」は、これらの問題の解決策を示したというのだ。貿易保護主義や、反グローバリゼーションの声が度々沸き起こる昨今、中国の政策は世界的な支持を得て、「人類運命共同体の構築」はすでに国連決議に盛り込まれているという。

「中国は世界統治と国際協力に積極的に加わり、世界に安定と繁栄をもたらしている」。江原氏はこう話す。「一帯一路」参加国の多くは発展途上国だが、中国は一帯一路によってそれらの発展途上国をサポートし、先進国や発展途上国とウィンウィンの関係を構築している。また、「人類運命共同体」理念の実践により、一帯一路はすでに百以上の国と組織から支持されているという。「日本も積極的に一帯一路の建設に参加し、『共に話し合い、共に建設し、共に分かち合う』という一帯一路の原則に従い、さらに広いウィンウィンの関係を築くため力を注いでほしい」

江原氏によると、改革開放政策により、中国は世界経済の大海へ漕ぎ出したという。現在、中国は高度成長段階から質の高い発展段階へと転換している。また、供給サイドの構造改革や、国有企業改革などを経て、発展方法を変化させた。同時にデジタル経済やシェア経済を大きく進化させ、新たな成長分野や原動力を生み出した。江原氏はこう強調した。「改革開放は世界にとって重要な手本である」

アジア文明対話大会は多様な文明の繁栄と発展を促す

国際貿易投資研究所　研究主幹　江原規由　インタビュー

「アジア文明対話大会は、アジア各国が平等な対話や相互学習・参考を通して求同存異（共通点を求め、異なる点は残しておく）を行い、共に進歩するために有益だ」。国際貿易投資研究所の研究主幹を務める江原規由氏は、このように話した。

先ごろ訪中しアジア文明対話大会に参加した江原氏は、文明交流と相互参考は、人類の文明の進歩と世界の平和的発展における重要な原動力であると考えている。中華文明は性質の異なるものすべてを受け入れ、アジア文明が多様化する過程で重要な役割を演じた。そしてアジア文明間の交流と発展を後押ししただけでなく、世界文明の進歩においても多大な貢献をしたという。「アジア文明対話大会は、まさしく中華文明の開放と包容力を体現している。本大会はアジア各国がウィンウィン協力の最大公約数を求めることを促し、共同発展のためにさらなる活力を与えるだろう。また世界文明における発展の方向を示すものともなる」

江原氏は、アジアは重要な文明発祥地だと示した。歴史上、アジア文明は人類文明の過程で多大な貢献をし、それにより人類文明はさらに輝かしい多様な姿を見せた。アジア文明の多様化により各国の対話における良好な基盤が築かれたという。「アジア各国は本大会を通して交流を深め、コンセンサスを結集し、文明の成果を継承・発揚し、共に発展することができる」

またシルクロードは歴史上、文明交流や和合・共生の過程で重要な役割を果たしたという。中日の文化の源は深く、両国の文化交流と相互参考は、各国の発展及びアジア文化の発展における欠かせない歯車となった。現在、一帯一路建設に伴い、各国の人的分野、文化分野での協力が日々深まっている。「アジア文明対話大会は文明における相互学習・参考のプラットフォームを作り上げた。それはアジアひいては世界各国の文明交流や相互参考を力強く推し進め、アジア運命共同体と人類運命共同体を共に建設するための重要な原動力となる。多様な文明の繁栄と発展をさらに促すだろう」

五

第三国市場協力の強化を期待

一帯一路日本研究センター代表・筑波大学名誉教授
進藤榮一インタビュー

■中国や一帯一路の沿線国に行けば、一帯一路はすでに広く受容された国際的公共財であり、国際協力の重要なプラットフォームになっていることが分かる

『「一帯一路」詳説』（日本僑報社刊）を手にした進藤名誉教授

二〇一三年に「一帯一路」を打ち出してから、中国は国際社会と共に努力し、多くの基幹事業やモデル事業を浸透させ、沿線国の人々に大きな「獲得感（実利的な幸福感）」を与えた。それゆえに一帯一路は国際社会から幅広い支持と称賛を得たのである。

現在、一帯一路の協力事業の多くが根を下ろして開花し、沿線国の経済・社会発展にとって大きな原動力となっている。中国や一帯一路沿線国へ行けば、一帯一路はすでに広く受容された国際的公共財であり、国際協力の重要なプラットフォー

ムになっていることが分かる。

日本社会に一帯一路を正確かつ客観的に理解してもらうため、二〇一七年一一月末に数十名の日本人研究者による「一帯一路日本研究センター」を東京に設立した。これは一帯一路の協力推進を主な研究方針とする日本初の研究機関である。設立以来、インフラ整備、貿易、物流、環境、エネルギー、法律などをめぐる課題について専門研究を行い、日本各界の一帯一路に対する認識や理解を深め、関連する研究機関との交流・協力を促している。

いま世界は百年ぶりの新局面を迎え、早急に解決すべき問題が数多くあり、各国が協力して事に当たる必要がある。習近平国家主席が掲げた人類運命共同体理念は時代に順応し、人類が直面する困難な問題を解決し、共に素晴らしい未来をつくるための方向性を示した。また一帯一路はグローバル・ガバナンス・システムの変革という内在的要求にマッチし、呉越同舟で難関を切り抜け、権限と責任を共に担うという運命共同体意識を明示した。グローバル・ガバナンス・システムの整備に向けて新たな構想を示したのである。

一帯一路を打ち出してから、中国は「共に話し合い、共に建設し、共に分かち合う」という原則を堅持している。また透明性、開放性、包括性の理念を守り、自然環境保護の持続可能な発展を追求している。

一帯一路と人類運命共同体理念はすでに国連決議に盛り込まれている。一帯一路の建設は沿線諸国、特に一部の発展途上国におけるインフラ整備に有益であり、経済成長や生活改善、地域の平和と安定にとって重要な意義を持つ。また国連の持続可能な開発目標（SDGs）を達成するための力強いサポートにもなる。

一帯一路は発展途上国だけでなく、日本など先進国における経済回復の原動力ともなる。喜ばしいことに、日本国内で一帯一路の重要性を認識し、積極的に関わる人が徐々に増えている。二〇一八年一〇月、北京で「第一回日中第三国市場協力フォーラム」が開催され、両国の政府、経済団体、企業など各界から千五百人以上が出席した。フォーラムでは(一)交通・物流、(二)エネルギー・環境、(三)産業高度化・金融支援、(四)地域開発という四つの分科会で議論が行われた。また企業間の実務協力と共同プロジェクトを促進するために五十件余りの協力覚書が締結された。両国の第三国市場協力が将来多くの成果を生み出し、たくさんの国の人々を幸せにすることを願っている。

二〇一九年四月には北京で「第二回一帯一路国際協力ハイレベルフォーラム」が開催さ

れた。中国が各国とそれぞれの経験を総括し、将来のビジョンを計画し、ハイクオリティ、ハイレベル、ハイスタンダードな一帯一路の建設を共に進め、それにより多くの国の人々に「獲得感」をもたらすことを期待している。

中国改革開放が世界全体の発展を後押しする

武蔵野大学教授・元NHK記者　加藤青延　インタビュー

中国改革開放が成功した最大の要因は、中国共産党が国民を指導して思想を開放し、実事求是（事実に基づき真理を追求）の姿勢で、時代に適応し、すべて現実を出発点とし、平和で安定した環境を作り、一意専心して建設・発展を図ったことにある。

一九七八年四月、大学の中国語学科を卒業した私は、ＮＨＫに入局した。同年一二月、中国共産党第十一期中央委員会第三回全体会議が北京で開かれ、中国語が分かる記者として奮い立ったのを覚えている。

一九八六年、幸運にも中国の地に初めて足を踏み入れることになった。北京市中心部に着くと、街の至る所を走り抜ける自転車の「大軍」に驚かされた。速いスピードで走る自転車の一台一台に、中国経済の活力を感じた。その後、私はＮＨＫの記者として三回、計十年北京に駐在した。最近も頻繁に中国へ訪問しているが、その発展の速さにはいまでも驚かされる。日本で十年かけて起こる変化が、中国の大都市ではたった一、二年で実現されるのだ。

改革開放は中国が見出した正しい発展の道筋であり、中国国民に幸せで素晴らしい生活をもたらした。国民の購買力の高まりに伴い、移動手段が自転車からタクシーや自家用車へと変わった。若者の通信手段もポケベルから携帯、さらにスマートフォンへと変わった。普段の買い物や交通、飲食に至るまで、スマートフォンの上で指を動かすだけで決済できる。改革開放は中国を第二の経済大国へと押し上げ、数億人が貧困から解放された。この頃日本を訪れる中国人観光客も、日本経済に新たな活力をもたらしている。

改革開放が大きな成果を収めた要因について、多くの人が興味を抱いている。その最大の要因は、中国共産党が国民を指導して思想を開放し、実事求是の姿勢で、時代に適応し、すべて現実を出発点とし、平和で安定した環境を作り、一意専心して建設・発展を図ったことにある。

各国の国情は異なるため、すべての途上国が同一の発展モデルを採用すべきとは考えていない。しかしながら、実事求是、すべて現実を出発点にするという中国のやり方には学ぶ価値があると思う。各国は自国の国情に基づき、それぞれに適した発展の道筋を模索するべきだ。

改革開放は、世界全体の発展を大いに後押しする役割を果たした。一九九七年のアジア通貨危機の時も、二〇〇八年のリーマンショックの時も、中国は「最後の防波堤」として、世界経済破綻の阻止にきわめて重要な役割を果たした。国際社会を見渡すと、近年は様々な予測不能の「ブラック・スワン（めったに起こらないが衝撃度が大きい）」、「灰色のサイ（よく起こるが軽視されがち）」的な出来事が次々と生じている。それゆえに、国際社会は平和で安定した大国・中国が、引き続き世界のために重要な役割を果たしてほしいと望んでいるのだ。

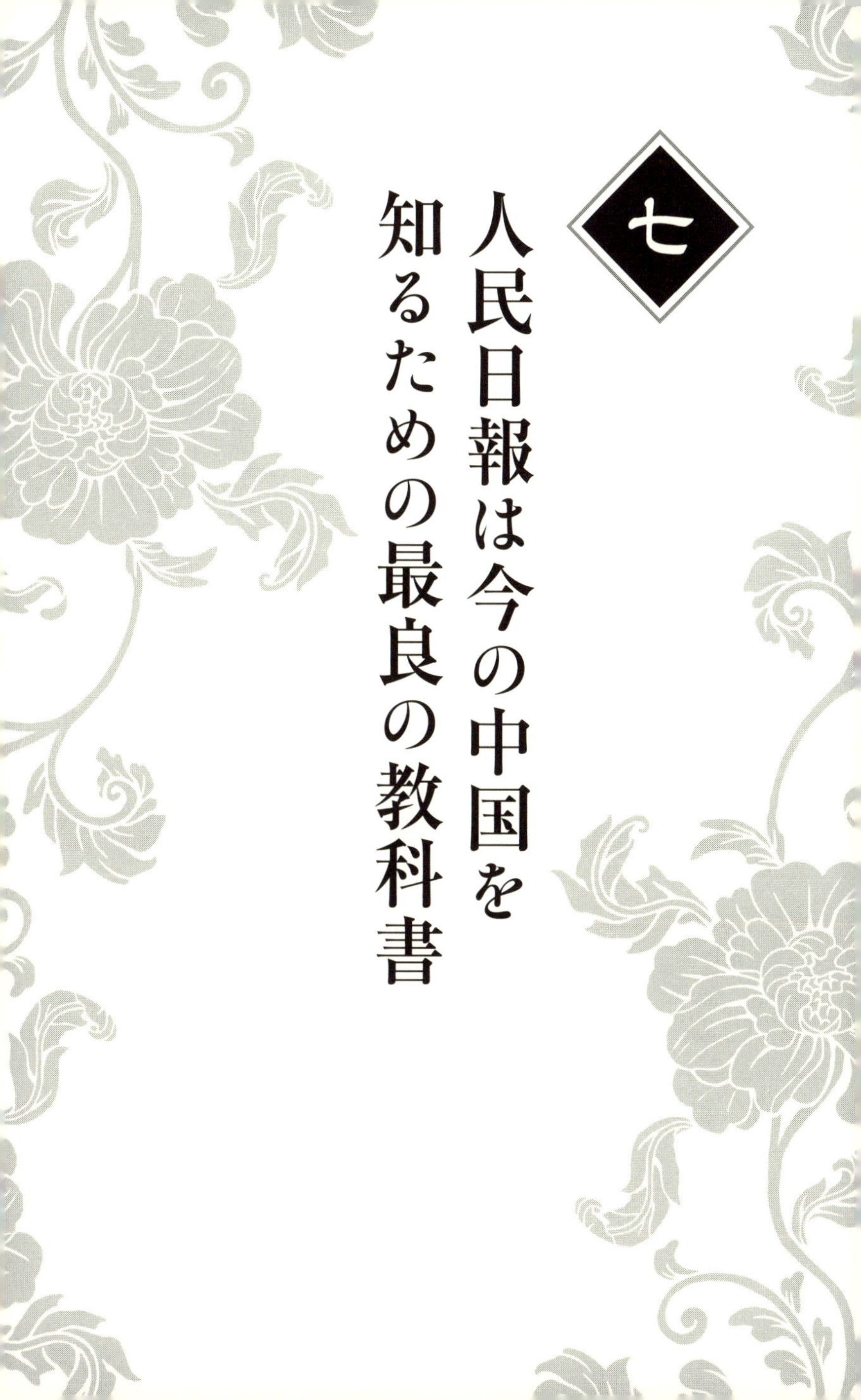

七

人民日報は今の中国を知るための最良の教科書

「人民日報と同い年とはとても光栄なことだ」。麗澤大学客員教授の三潴正道氏は久々に身内と再会したかのようにうれしそうに語った。

一九八〇年代初めから現在に至るまでの約四十年、三潴氏は毎朝五時から二時間、人民日報を読んでいる。それればかりか切り抜いた記事を分類し、選んだ文章を邦訳して出版している。人民日報を編集・翻訳したその書籍は、現在までに七十冊を超える。

独自で編み出した「三潴式人民日報読解法」

このほど、三潴氏の職場と自宅がある千葉県柏市を訪れた。三潴氏はスーツケースを引き、布のカバンと革のカバンを下げ、自身と人民日報との縁を示す資料を携え、待合せ場所の喫茶店にやってきた。

三潴氏の家庭は中国との縁が深く、曽祖父は中医学の専門家で、祖父と父は大学教授であり、中国との交流に積極的に取り組んでいた。その影響により、子どもの頃から中国文学になじみ、小学五年生の時には『水滸伝』を読み終え、各登場人物のニックネームまでも覚えてしまったという。大学では中国語を専攻し、六朝時代の小説や元曲（元代に盛行した古典劇）を研究した。

三潴氏は、一九七七年の初めての訪問から現在までに百五十回近く訪中している。一九八〇年代初め、通訳として政府代表団と共に訪中した際、それまで自分の中国語に満足していた三潴氏は、書面語（中国の書き言葉）に弱いことに気が付いた。そこで人民日報を読んで書面語を勉強しようと思いついた。

それ以来、毎朝五時に起きて人民日報を二時間かけて読んでいる。その習慣は四十年近く途切れたことがない。「人民日報は中国を理解し、中国語を学ぶのに最適。一日の中で最も気力と体力がある時間を費やしている」

人民日報の電子版を読むこともできるが、三潴氏はいまでも紙版で読んでいる。日本に住んでいるため紙版の入手は容易ではなく、家に届くのは通常三日〜四日後だ。「人民日報は紙面拡大を続けている。読み始めた頃はわずか四ページだったが、いまでは二十四ページにまで増えた」。数十年にわたり毎日読んでいる三潴氏は、独自の「三潴式人民日報読解法」を編み出した。それは毎日二部の人民日報を読むというものだ。一部は届いたばかりの三日前の新聞、もう一部は三カ月前の新聞だ。三日前の新聞は大まかに目を通すが、三カ月前のものは時間をかける必要があるという。そして切り抜いた記事を二百七十四種類に分類し、良い文章を集めている。「文章によっては時間をかけることでその本当の価値に気付くこともある。一読しただけで切り抜いてしまったら多くの価値ある文章を見落としてしまう。だから三カ月後に読み返す必要がある」

人民日報の記事を厳選して出版

三潴氏はスーツケースの中から、人民日報の記事を厳選して収録した自著『中国時事問題解説』を十数冊取り出した。二〇〇一年から、人民日報の美しい写真を切り抜き、その関連記事を一千文字程度の日本語に要約しているという。お盆と正月を除き、毎週一本の記事を翻訳し、毎年それを冊子にまとめ、学校の教材にしている。その他『中国時事問題解説』を、麗澤大学の全教員に配っている。

これは日本人に人民日報を紹介する方法の一つに過ぎない。二〇〇七年頃、三潴氏は人民日報に「反腐敗」などの話題が増えていることに気付いた。「これは中国共産党と中国政府の自浄能力の表れだと思う。日本人に人民日報を読んでもらい、現代中国の変化を客観的かつ公正に理解してほしい、という思いが芽生えた」。その考えは、長年日本に中国の出来事を伝えている日本僑報社の段躍中編集長と、図らずも一致する。そのため三潴氏は人民日報から毎日三本の記事を選び、毎月八本に絞り込む。そして年末に六十本を厳選し、『必読！ いま中国が面白い』シリーズとして日本僑報社から出版している。記事を選ぶ基準は、中国の発展や変化を示しているか、中国人の生活や意識を反映しているか、中日両国の相互理解を促すかどうかである。

『必読！ いま中国が面白い』シリーズの最新刊、第十二弾は二〇一八年七月に刊行された。段躍中編集長によると、同書は毎回出版後に日本で大きな反響があり、ＮＨＫや朝日新聞、毎日新聞など主要メディアで紹介され、一部の大学や中学では教材や副読本として使用されているという。

「人民日報は素晴らしい新聞だ。客観的かつ公正だ」。三潴氏は「中国には『他山の石』ということわざもあるが、相手の良い点を取り入れている。日中関係が曲折の時期にあっても、人民日報は日本の長所も謙虚に淡々と報道している。しかし日本のメディアは中国から学ぶべき点を軽視しており、人民日報に学ぶべきだと思う」と話した。

人民日報を読んで生活と仕事が変化

「人民日報にはとても感謝している。私の仕事と生活を根本的に変えてくれた」。取材中、三潴氏は何度も人民日報に対する感謝の意を示した。

中日両国は、一衣帯水の隣国にもかかわらず、お互いを十分理解しているとは言えない。「かつて中国に展開する企業は、本当の中国を理解したくても方法がなく困っていた。そこで私に連絡が来た」。一九九〇年代、毎日人民日報を読む三潴氏のことを知ったある企業から、中国出張を控えた社員への研修を頼まれた。三潴氏は難しい内容を分かりやすく伝え、社員は中国を客観的かつ全面的に知ることができた。これまでに約百社の企業に招かれ、中国の状況について説明してきた。

三潴氏は二〇〇八年に開催された北京オリンピック期間中の人民日報をすべて保管している。その時期の人民日報はスポーツに関する中国語学習の良い教材だという。「中国語を学びたい、中国を理解したいと思う外国人は、真面目に人民日報を読んでほしい。それが一番の学習方法だ」

三潴氏は毎年、学生と共に視察のため中国を訪れている。訪中期間には、学生たちに本当の中国を知ってもらうため、胡同散策の日を設けている。そこで地元の人と出会い、友好的で親切・善良な人柄に触れてもらい、中国に対する理解を深めてもらっている。

取材の最後に、人民日報七十周年を祝うメッセージを依頼すると「とても大事なことなのでじっくり考える必要がある」と話した。三日後、人民日報をまとめた書籍十数冊と、四ページにわたる素晴らしい祝辞が届いた。

第六章

中国と世界の平和

中国が世界平和を維持する重要な役割を果たす

一

抗日戦争への参加は一生の誇り

元八路軍兵士　小林寛澄　インタビュー

お寺の後継ぎ、抗日戦争に加わった日本軍兵士、八路軍（中国共産党軍）兵士、遠洋商船通訳、日本八路軍・新四軍戦友会会長……これはあと二十日で九十六歳の誕生日を迎える小林寛澄さんが人生で得た五枚の名刺だ。初めの二枚は選択の余地がなく、三枚目は一生の誇りであり、四枚目は一番長く使い、五枚目は特に大切にしているものだ。

2015年9月1日、羽田空港にて。中国人民抗日戦争勝利70周年式典に参加するため北京へ。手にしているのは自身の記事が載った人民日報

二〇一五年八月七日、小型のスーツケースを引いたカンカン帽の高齢男性が、酷暑の中、東京都練馬区の自宅から地下鉄で一時間近くかけて、港区の中華人民共和国駐日本国大使館を訪れた。抗日戦争勝利七十周年を記念する座談会に参加するためだ。

「中国侵略日本軍」から「抗日八路軍」へ

小林さんは短いあいさつで「日本軍」から「八路軍」となった自身の経歴を再度振り返った。

一九一九年九月二日、小林寛澄さんは群馬県の寺に生まれた。本来なら住職である父の後を継ぎ、妻子を得て、一生裕福な生活を送るはずだった。しかし日本軍の中国侵攻により、一九四〇年に日本軍兵士として中国山東省へ出征することを余儀なくされた。僧侶である小林さんは、良家の女性を暴行する小隊長の悪行に耐えられなかったが、どうすることもできなかった。

一九四一年六月一九日、一生で最大の転機が訪れた。その日、小分隊に従って牟平県付近の掃討作戦を行った際、捕虜となったのだ。軍国主義思想に洗脳された日本軍兵士にとって、それは耐えがたい恥辱であった。小林さんは二度自殺を図ったが、二度とも八路軍に助けられ、適切な治療と待遇を受けた。その後八路軍に従って移動する途中で、多くの村が日本軍に焼かれ、無数の村民が殺害されるのを目にし、慚愧の念にとらわれた。さらに八路軍の教育によって、「捕虜になったのは幸運であった」と次第に意識するようになった。あの日捕虜になって初めて戦争の本質がはっきり分かったのだ——日本帝国主義が起こした戦争は、不当な侵略戦争だということを。

「私はかつて戦場で銃口を八路軍に向けた日本兵だった。それなのに捕虜になった時、八路軍は私を敵として扱わなかったばかりか、十分な自由と平等を与え、友人や兄弟、同志として接してくれ、蒙昧な私の目を真に覚ましてくれた」。小林さんは筆者を含む中日両国の友人に対し、いつもこのように語る。

小林さんはこの戦争の侵略性を認識しただけでなく、永久にこのような戦争がなくなり、中日両国の国民が日本の軍国主義から解放され、永遠に友好でいるために、中国共産党指導下の八路軍に従って前進すべきだと理解した。

一九四一年九月一八日、小林さんは小林清氏、布谷氏などのメンバーと「反戦同盟膠東(こうとう)支部」を立ち上げた。正式に八路軍の一員となり、他のメンバーと反戦のビラを書いて散布したり、日本軍の拠点近くに行って直接呼びかけたりした。日本軍の通り道の壁に標語を書き、武器の放棄と投降を促したこともあった。

一九四四年八月、小林さんは日本人民解放連盟濱海支部で支部長に任命された。その年の末、日本軍は各戦地で次々と敗退し、拠点にこもって抵抗するしかなくなっていた。
臘月（ろうげつ）（旧暦一二月）の天地も凍る夜、小林さんは八路軍戦士の援護の下、山東省日照市付近の日本軍拠点まで来ると、六十メートル手前の溝に隠れ、呼びかけた。「日本軍の皆さん、私たちは日本人民解放連盟です。本音で話しましょう。発砲しないで下さい。八路軍の部隊もたくさん来ていますが、攻撃することはないので安心して下さい」

「なんだと？　お前は日本人か？」日本兵が大きな声で叫んだ。

「私は日本軍青島部隊の上等兵で、作戦時に負傷して八路軍の捕虜になりました。彼らは私を殺さなかった上に、治療もしてくれました。本当の兄弟のように接してくれて、どこへ行っても優遇され、教育してくれました。私は分かったのです。日本軍は侵略者で、中国に来て殺人と放火を犯し、女性を暴行し、資源を奪い、労働者を支配したのだということが。考えてみて下さい、中国軍は兵士一人として日本を侵略していません。なぜ日本と戦争するかというと、自分の国家と国民を守るためなのです！」

……

「八路軍の捕虜となったあの日から、古い自分はすでに存在せず、中国の人々から授かった新しい自分だけが存在していた——日本人として八路軍に参加したことは、私にとって一生の誇りである」

真実の歴史を後世に伝えていきたい

一九五五年一二月、帰国した小林さんは遠洋商船で中国語通訳になり、七十三歳まで勤め上げた後に退職した。その後は一貫して中日友好に携わっており、日本八路軍・新四軍戦友会の会長に就任した。

二〇〇五年、中国政府から招きを受け「中国人民抗日戦争・世界反ファシズム戦争勝利六十周年記念式典」に参加した。帰国後は方々で講演し、中国の大きな変化と急速な発展について話した。

そして二〇一五年、再度北京で「中国人民抗日戦争・世界反ファシズム戦争勝利七十周年記念式典」に参加した。

「私たちは中国人民抗日戦争・世界反ファシズム戦争勝利七十周年を記念し、青春時代の戦闘の日々を回想し、忘れがたい歴史の一ページを復習する。日中両国の国民が永遠に友好でいるために。抗日戦争勝利七十周年を盛大に祝うことで、歴史の歪曲、侵略戦争の美化に対し警告の役割を果たす」

小林さんは八路軍兵士として山東省で戦った激動の時代を懐かしく思っていた。二〇一三年、北京八路軍山東抗日根拠地研究会の副会長・劉純華さんから、「沂蒙魂」（沂蒙は抗日戦争時の革命根拠地）という大きな書を贈られた。小林さんはその場で感激して涙を流し、後で表装した。そしてスーツに身をまとい、中国政府から授与された記念メダルをかけて、記念写真を撮った。取材時に、その時の写真を見せてくれた。

中国人民抗日戦争勝利70周年式典において、習近平国家主席から記念メダルを授与された

小林さんによると、中国の抗日戦争は世界反ファシズム戦争の重要な要素であるという。抗日戦争は広大な規模、多数の動員、徹底した革命、深い意義、どの角度から見ても人類史上最も偉大な民族解放戦争の一つと言える。「一人の日本

人として抗日戦争に参加できたことは、一生の誇りと幸福だ」

小林さんは日本の政治の現状を憂いていた。衆議院で強行可決された安全保障関連法案は、戦後に形成された国際秩序を打破しようとしており、長期的には周辺国家やアジアの平和の脅威となり得るという。

「中国人民抗日戦争勝利七十周年式典は、昨日のため、明日のため、死者のため、生者のため、民族振興のため、人類平和のために行われた。これは歴史的な最高の記念式典だ」

小林さんのただ一つの願いは、生きているうちに真実の歴史を後世に伝えることだ。多くの困難を乗り越えてきた中日友好と、その大切さをもっと多くの人に知ってほしいと願っている。決して歴史の時計の針を巻き戻すことがあってはならないという。

2015年9月4日、中国人民抗日戦争勝利70周年式典から帰国後、羽田空港にて著者と

二

新しい人生を与えてくれた八路軍

元八路軍兵士 前田光繁 インタビュー

白髪の温厚そうな老人が、車いすをこぎながらゆっくり部屋に入ってきた。中国語で「你好（ニーハオ）」とあいさつされ、固い握手を交わした。

九十九歳の前田光繁さんは、八路軍の日本人兵士第一号である。二〇一五年八月二二日、兵庫県神戸市の老人ホームを訪ね、独自取材を行った。前田さんは、八路軍に初めて入隊しただけでなく、華北の抗日根拠地に初めての日本人反戦組織を作った。

半年余りの教育を受け、抗日戦争の本質を見極めた

一九三七年六月、中国で財を成そうと夢見て、前田さんは満州鉄道の京漢線双廟駅の職員となった。しかし一九三八年七月二八日、職場で捕虜となってしまった。

捕らえられてから、初め八路軍は捕虜を殺さないということを信じていなかった。「生きて虜囚の辱めを受くるより、むしろ自尽して殉国せん」と、自殺することばかり考えていた。毎食の飯はマントウと肉野菜炒めだったが、八路軍の指揮官と兵士は毎日少なめのご飯と野菜汁だった。「どうして捕虜の方がいいものを食えるのか」。前田さんはいくら考えても分からなかった。

その後、太行山奥地にある八路軍第一二九師団司令部へ連れていかれた。そこでは、日本留学経験のある第一二九師団政治部敵軍工作科長、張香山と同じ洞穴に住むことになった。張香山は昼夜を分かたず、辛抱強く、八路軍がいかなる軍隊なのかを語った。「三大紀律八項注意」という軍律、捕虜を殺さない政策、日本軍国主義の侵略性、最後に勝利するのは中国だということ。前田さんはいくぶん納得したが、依然として捕虜になるのはこの上ない恥辱だと考え、自殺のことばかりが頭にあった。

「まず八路軍を理解することを勧める。せっかく来たのだから、私たちの生活のどこが良くないか体験してみては。日本のことわざに、『死んで花実が咲くものか』というのがあるだろう。ここは焦らず、時間をかけてゆっくり考えようではないか。日本軍に戻りたくなったらすぐに解放する」。張香山は、辛抱強く説得を行い、教え導いただけでなく、日本語で書かれたマルクス・レーニン主義基礎理論の本と、日本の進歩的な小説を数冊贈った。その後、前田さんは次第に「侵略しようとしているのは日本で、中国は自衛しているに過ぎない」ということを悟った。

行軍の途中で、日本軍に根こそぎ奪われた村を目にした。家はすべて残らず焼き尽くされ、罪のない人々が惨殺されていた。「軍隊同士の戦争なのにどうして一般人が惨殺されなければならないのか。私は一人の日本人として、恥ずかしく思い、憤りを感じた……」。

目の当たりにした事実は、前田さんの最終覚醒を促すきっかけとなった。半年余りの教育を受けて、ついに抗日戦争の本質をはっきりと理解したのである。そして、中国の人々と共にこの野蛮な戦争に反対していくことを決意した。

在華日本人反戦同盟の設立、反戦工作の強化

前田さんにとって、一九三九年一月二日は永遠に忘れられない一日だ。その日の午後、八路軍野戦指令部などが開いた新年祝賀会で、前田さん、小林武夫氏、岡田義雄氏の三人が壇上へ上り、新しい人生を与えてくれた八路軍に感謝し、参軍を希望し、日本のファシズム的侵略戦争への反対を表明した。

宣誓の後、八路軍総司令・朱徳が登壇し、三人と握手した。「全軍を代表し、三名の日本人青年の参軍を歓迎する。この三名は、わが軍の捕虜政策の正しさを証明した。今日は三人でも、明日には数十人、数百人になるかも知れない……」

こうして、前田さんたち三人は抗日戦争で初めての日本人八路軍戦士となった。「八路軍は、他の軍隊とは比較しようがない不思議な軍隊だ。部隊に入ると彼らの好ましいやり方に引き付けられ、離れられなくなってしまうのだ。八路軍に参加できたことは一生の幸福だ」

その後、前田さんは勉強のかたわら、熱心に仕事をした。日本軍向けの反戦ビラを書き、新しく来た日本人捕虜の管理と教育をし、八路軍敵対工作科の幹部に日本語を教えた。

一九三九年一一月七日、前田さんたち七人は八路軍本部に覚醒連盟を立ち上げ、機関紙『覚醒』を創刊し、反戦工作をさらに強化した。覚醒連盟は華北の抗日根拠地に設立された初めての日本人組織であり、その存在は八路軍、新四軍、各抗日根拠地に知れ渡った。それから日本人反戦組織が次々と設立され、各抗日根拠地に広く展開した。前田さんの指導の下、覚醒連盟は百種類以上のビラを散布し、多くの日本兵を目覚めさせた。

一九四二年、前田さんは延安日本労農学校の学生になり、さらに教員と政治工作を兼任した。太行山の覚醒連盟での経験を学校の政治工作に活かし、生徒たちは目覚ましく成長した。その年の八月、覚醒連盟は反戦同盟に改名し、前田さんは在華日本人反戦同盟華北連合会の会長を務めた。そして一九四四年には、日本人民解放連盟へ再度改名した。

一九四五年に日本が降伏した後、前田さんは自分を生まれ変わらせてくれた延安を離れ、中国東北部へ来て「日本人管理委員会」で働き始めた。その後、東北航空学校の日工科長に任命された。そこでの教員、技師、パイロットは関東軍の日本航空教練隊のメンバーだったので、彼らの政治思想工作を担当し、中国空軍初代パイロットの育成を手助けした。一九五三年、求めに応じマルクス・レーニン主義学院第二分院で教務所副所長を務めた。

日本人八路軍戦士の一人として、一生光栄に思う

一九五八年、前田さんは妻、二人の子どもと日本へ帰国したが、八路軍の経歴により、当局の調査、尾行を受けた。そのため正規の仕事につけず、日雇いの仕事で一家をどうにか養うしかなかった。生活は苦しかったが、集まりには積極的に参加した。大学や中学校で精力的に講演し、日本軍の侵略と犯罪行為や、八路軍の人道主義について話し、日中友好の大切さを呼びかけた。

正規の仕事につけなかったため、年金はほんのわずかで、生活は非常に苦しかった。そ

れでも抗日戦争関連の本が出版されると、どんなに高額でも買い求めた。数年前、自分で収集した十箱以上の資料を日本八路軍・新四軍戦友会事務局長・小林陽吉さんと、中華人民共和国駐日本国大使館へ郵送した。前田さんは貴重な歴史資料を永久保存し、後世がこの歴史を忘れないでほしいと願っている。

二〇〇五年九月、中国政府から招かれ「中国人民抗日戦争・世界反ファシズム戦争勝利六十周年記念式典」に参加した。二〇一〇年七月には、再度招きに応じ訪中した。

二〇一四年四月、前田さんはうっかりして転倒してしまった。息子は父親の面倒を見るため、東京の父を自分が住む神戸市へ引き取り、治療と回復が可能な老人ホームへ入所させた。著者と同行していた小林陽吉さんが、元八路軍兵士・小林寛澄さんが代表団を率いて「中国人民抗日戦争・世界反ファシズム戦争勝利七十周年記念式典」に参加する予定だと伝えると、前田さんは「よかった!」「よかった!」と喜んだ。

前田さんからは、「北京の記念式典に参加し、この大切な日を中国の人々と一緒に祝いたい」という切なる願いが伝わってきた。だが年齢を重ね、足が不自由なため、残念ながら諦めるしかなかった。それでも自身の喜びを伝えるため、長い間文字を書いていなかった前田さんは、右手の不自由をなんとか克服し、何日もかけて中華人民共和国駐日本国大使館の担当者と、中国の戦友やその家族に宛ててたくさんのはがきと手紙を書いた。一枚のはがきを書き上げるのに十枚も練習しなければならなかったという。

前田さんは何度もこう話した。「日本人八路軍戦士の一人として、一生光栄に思う。これまで生きてこられたのも、すべて八路軍のおかげだ」「七十年前、中国は日本を打ち破り世界の歴史の新しいページを開いた。いま中国は世界平和維持の重要な役割を担っており、これからさらに強大になるだろう」

2015年8月、神戸市の老人ホームにて。抗日戦争勝利70周年を祝う言葉をつづったはがきを手にして

三

養父母から受けた大きな恩

残留孤児　宮崎慶文　インタビュー

一九七一年のある日、宮崎慶文さん（七十歳）は養父母から小包を受け取った。開けてみると、スイスの腕時計が入っていた。時計をしたことのない宮崎さんは、感動のあまり泣き出してしまった。養父母は息子が仕送りしたお金に一年間も手をつけず、二百元近くをはたいて時計を買ってくれたのだ。時計はもう動かないが、いまでも大切に保管している。

「今日は『去』と『来』を使って作文しましょう。前回の授業を復習します」

「今年の二月、私は北京に留学しました」

これは宮崎さんと菅原満子さん（六十六歳）の、中国語の会話の内容である。東京都台東区「中国残留孤児の家」の地下一階にある教室では、毎週土曜日、宮崎さんが無料で中国語を教えている。より多くの日本人に中国の扉を開き、中日両国の人々に相互理解を深めてもらいたいという思いからだ。

2015年8月、宮崎慶文さんによる中国語教室の授業風景

養父母は私のためにお碗を二つもだめにした

「私は日本国籍を持った『中国人』です」。宮崎さんは流暢な中国語で自己紹介した。一九四五年一一月一〇日、宮崎さんは中国遼寧省大連市に生まれ、一九九七年二月五日、妻と二人の子どもを連れて東京へ戻った。中国で半世紀以上暮らした宮崎さんは、数千人いると言われる残留孤児の一人だ。

一九四七年初め、一歳の宮崎さんは、父親、兄、姉と一緒に船で日本に帰る予定だった。苦しい生活の中で、父親は小さなわが子を生き延びさせるため、ある中国人家庭に託そうとした。日本語が分かる男性の紹介で、宮崎さんは大連の閻子余（イェンズーユー）さん夫妻に引き取られることになった。

引き取られた時は栄養失調で、一歳をとうに過ぎているのに歩くことができなかった。当時は物が極端に不足し、米は特に不足していた。一般庶民にとっては、お腹いっぱい食べられることがぜいたくだったのである。宮崎さんの体が早く丈夫になるように、元々生活に余裕のなかった閻さん夫妻は、あれこれ手を尽くして高いお金を払って米を買い、毎食鍋でお碗一杯分の米を蒸してくれた。「養父母は私にご飯を作るため、ホーローのお碗を二つもだめにしてしまった。私にどんなによくしてくれたかの証だ」

「養父母の学歴は高くなかったが、私が高等教育を受けることを望んでいた」と宮崎さんは語った。「私は小さい頃やんちゃで、ろくに勉強しなかった。養父が厳しくしつけてくれたことに感謝している。そうでなければ、大学に受かることもなかったと思う」。養父からの要求で、宮崎さんは毎朝四時半に起きて勉強に励み、一九六五年に北京広播学院(現・中国メディア大学)外国語学部に合格した。

帰国後も北京の両親の墓参りを欠かさず

「養父の当時の給料はわずか六十元だったが、二十元を私の生活費として送ってくれた。家は裕福ではなかったが、私の生活費はクラスで中くらいだった」。一九七〇年に大学を卒業後、宮崎さんは河北省で勤務することになった。毎月四十三・五元の給料の中から、二十元を養父母に仕送りした。

一九七一年のある日、養父母から小包を受け取った。開けてみると、スイスの腕時計が入っていた。腕時計をしたことのない宮崎さんは、感動のあまり泣き出してしまった。養父母は息子が仕送りしたお金に一年間も手をつけず、二百元近くをはたいて腕時計を買ってくれたのだ。当時、同級生の多くが腕時計をしていたが、それらはすべて天津や上海で作られたもので、外国製の高級腕時計をしている人は珍しかった。いまではもう動かなくなってしまったが、養父母の愛がつまった腕時計を大切に保管している。「養父母の愛は日常生活の細部に濃縮されている。二つのホーローのお碗とスイスの腕時計はその象徴だ」

その後宮崎さんはチベット勤務となり、給料は八十元になった。まず大連の養父母に二十元、北京の妻子に四十元を送り、手元には二十元だけ残した。一九八一年には母校に戻って勤務することになった。この年、自分を深く愛してくれた養母が大連で病死し、養父を北京に引き取って一緒に暮らした。一九八七年に養父が亡くなると、養父母を一緒にして北京に墓を建てた。それから宮崎さんは毎年養父母の墓参りを続けている。日本に帰ってからもその習慣は変わっていない。毎年九月、宮崎さんは北京の養父母の墓を訪れる。

「中国の養父母から受けた恩はとてつもなく大きい」

朗読劇『孤児の涙』、平和への愛を結集

帰国後、「中国帰国者・日本友好の会」副理事長として、宮崎さんは残留孤児の権利取得を手助けする他に、自分が住む東京都大田区の数千人の中国人が快適に暮らせるよう、区の「多文化共生推進計画」にも積極的に参加した。

日本政府が集団的自衛権を含む一連の安全保障関連法案を強行的に進め、宮崎さんら残留孤児は不安に感じていた。二〇一五年一月、脚本を書いた経験のない宮崎さんは、自身や他の残留孤児の体験を土台として、朗読劇の創作を始めた。そして同年四月、ついに『孤児の涙』という朗読劇の脚本を書き上げ、八月二六日に埼玉県所沢市民文化センターで上演された。八百五十席のチケットは完売した。

「最近国会の周りでは、ほぼ毎日デモ集会が開かれ、安全保障関連法案に反対している。戦争の被害者として、自分の体験を通してデモに参加する人たちと呼応し、各界の関心を高め、歴史を教訓にして平和を愛する力を社会に形作っていきたい」

養父は私・子・孫の三世代を育ててくれた

残留孤児　大道武司　インタビュー

「中国の養父は私の命を二度救ってくれた。また私・子・孫の三世代を育ててくれた」。残留孤児の大道武司さんは、感激で胸をいっぱいにし、感極まった様子で語った。「私に良い暮らしをさせるため、養父はいくつもの仕事を掛け持ちしなければならなかった。昼間は荷車を引き、夜はたばこを巻き、毛皮の服を縫った……」

一九三〇年代、日本は中国への侵略を始め、人々に多大な苦痛と損害を与えたが、日本国内の暮らしも悪化し、多くの若者が徴兵された。福井県に住んでいた大道熊太郎一家も例外ではなく、長男は十六歳で商船の船員となり、程なくして海軍に入ったが戦死した。長女は早くして嫁いだ。

生活が困窮し、政府に何度も勧誘された結果、一九四二年冬、大道熊太郎夫妻は両親を残し、大道さんら四人の子どもを連れて、開拓団の一員として中国黒竜江省牡丹江市にやって来た。四歳になったばかりの大道さんも、中国東北部の零下数十度の極寒に慣れていくしかなかった。

木工のできた父は桶屋を開き、日本軍相手に商売をした。しかし二年目の夏、父は過労によってこの世を去り、母は一人で四人の幼い子どもを育てるという苦労を強いられることになった。

一九四五年八月に日本が降伏すると、母は四人の子どもとの帰国を考えた。しかし飢えや疲労により、母はハルビンに行く途中で亡くなった。孤児となった大道さんら四人の兄弟姉妹はひたすらさまよい歩き、お腹が空けばトウモロコシ畑で茎をかじり、喉が渇けば堀の水をすすり、眠くなれば抱き合って田んぼで寝た。様々な苦労の末、四人はついにハルビンにたどり着いたが、ある日妹と市場で遊んでいた大道さんは、騒乱のさなかに兄、姉、妹とはぐれてしまう。

その後、大道さんは親切な中国人の孫祥珠夫妻に引き取られ、孫有鈞（スンヨウジュン）という中国の名前も付けられた。「養父母から受けた恩は計り知れない。養母は体が弱く、養父が昼に私を連れて仕事をし、夜は私を抱いて寝た」。中学に上がると、大道さんは急に足が悪くなり、痛さでほとんど歩けなくなってしまった。養父は評判の良いソ連の医者を呼び、注射を頼んだ。注射は当時高額で、一般家庭には手が出なかった。しかし息子の病気を治すため、養父は昼夜を問わず働き、治療を一年以上続けさせた。養父母が治療を続けさせてくれたことは、どんなに大道さんを気にかけてくれたかの証だ。

治療費のため一家は破産しかけていたが、効果が表れないので、漢方医に助けを求めるしかなかった。診療所は遠かったので、養父は雪を踏みしめて冷たい風に吹かれながら、大道さんを背負って三十分以上歩いて連れていってくれた。中学生の自分を背負うのは大変そうに見えたので、何度も身をよじって自分で歩こうとしたが、養父は両手で息子の足をしっかりと抱え、降ろさなかった。そればかりか疲れていないことを示すため、わざと大股で歩いた。それから一か月あまり後、足はやっと治った。

大道さんは感激で胸をいっぱいにして語った。「私を看病し、良い暮らしをさせるため、養父はいくつもの仕事を掛け持ちしなければならなかった。昼間は荷車を引き、夜はたばこを巻き、毛皮の服を縫った……」

大道さんにとって、半世紀以上を経てなお記憶に新しく、終生忘れがたい光景がある。零下三十度のハルビンの冬、養父が荷車を引き終え、息を切らせて帰ってくると、懐からほかほかのパオズ（中華まん）を二つ取り出し、息子の手に握らせた。養父はしゃがみこんで喘ぎ、咳をしていた。大道さんは窓から降りしきる雪を見て気付いた。養父はパオズを食べることを惜しみ、息子に食べさせるために走って帰ってきたのだ。

戦争がなければ孤児になることもなかった

大道さんは何度も「養父母はとても良くしてくれて、慈愛にあふれていた」と話した。養父母は学歴が高くなかったが、息子に進学を望んでいた。中学を卒業すると技師になり、大慶油田や大慶市少年宮（子どもの課外活動用施設）で仕事をした。「私は幸せな方だ。他の孤児はもっと不憫で、自分がいつ生まれたのかも知らない」

2015年8月、埼玉県の自宅にて。アルバムには養父母の思い出がつまっている

一九七二年の中日国交正常化の後、大道さんは七歳の時の写真を厚生労働省へ送った。一九七六年には『読売新聞』に写真付きで尋ね人の広告を出し、兄と連絡がついた。兄弟姉妹四人は三十年以上の時を経て羽田空港で再会を果たしたのである。また一九七七年と一九八三年には親族を訪ねるため来日した。一九八六年、大道さんは妻と次男を連れて帰国したが、養父母の面倒をみてもらうため十六歳の長男を中国に残した。一九八九年に養母が亡くなると、翌年養父を日本に引き取った。「養父

の子どもは私一人。最後まで面倒を見なければ、自分を育ててくれた恩に報えない」

「養父は、養父は私・子・孫の三世代を育ててくれた。来日してから、八十歳近い養父は保育園に通う孫の送り迎えをしてくれた」。そして二〇一三年、養父の孫祥珠さんは九十六歳でこの世を去った。大道さんは養父の遺言に従い養母との合葬を考えていたが、自身の病気のため長い間実現できなかった。二〇一五年五月になって、息子と娘が大道さんの代わりに遺骨をハルビンに持って行き、養母と合葬してくれた。養父母のために自ら碑文を書いた大道さんは、足の調子が良くなったらハルビンに行って墓参りをしたいと思っている。

大道さんはこの数十年を振り返り、「自分の人生は紆余曲折を経てきたが、すべての根源は日本が行った侵略戦争だ」と語った。「私たちは戦争の被害者で、戦争がなければ、両親や兄、妹が早く亡くなり、私が孤児になることもなかった。戦争には断固反対する」。日本また不安そうにこう話した。「日本政府は、平和で幸福な生活を願う民衆を顧みず、日本を再度戦争への道へ向かわせようとしており、非常に憂慮している。国会で審議されている一連の安全保障関連法案には多くの人々が反対し、集会やデモに次々と参加している」

五

忘れがたき養父母の恩

残留孤児　松田桂子　インタビュー

「実は私には二つの家がある。一つは日本、もう一つは中国。本当のことを言うと、私も戦争で被った災難が憎く、忘れられない……」

リビングに入ると、壁にかかった何枚もの写真が目に入った。これらの写真は二〇〇九年一一月一一日に撮影されたもので、この家の主である松田桂子さんにとって、その日は一生忘れられない。中国の政治の中枢「中南海」で『説句心里話(シュオジュシンリーホワ)～心からの言葉』の替え歌を披露した日なのだ。

「数千人の残留孤児を代表して、歌を通じて中国の人々に本当の想いを伝えることができた。中国政府や国民、養父母に感謝の気持ちを表せたのは、一生で一番幸せなことだ」松田さんはこう語った。

「中国の養父母に育ててもらった恩は忘れがたい」

2015年7月、埼玉県の自宅にて。『説句心里話』を歌った時の写真を見せてくれた

養父母が可愛がってくれたことを、はっきりと覚えている

七十五歳の松田桂子さんは残留孤児である。生後間もなく、父親は開拓団の一員として、単身で中国東北部へ向かった。その後、母親は二歳に満たない松田さんを背負い、夫を探しに中国へ来た。母子は紆余曲折を経てハルビンの開拓団居住地にたどり着いたが、そこで聞いたのは「夫は徴兵され、ハルビンを離れた」という知らせだった。

母親は松田さんを連れて物乞いをしながら、夫の行方を探すしかなかった。その後、やむを得ずハルビンで商売をしていた劉福臣夫妻に娘の世話を頼んだ。

劉さんの家に着くと、二歳の松田さんはひたすら「母さん、母さん……」と叫ぶばかりで、何も食べようとしなかった。仕方なく、劉さんの奥さんは日本語が分かる人を探し、「お母さん」のことを言っているのだとようやく分かった。ご飯を食べさせるため、劉夫妻はやむを得ず「お母さんは遠い旅に出たよ。ちゃんと食べないとお母さんに会えないよ」と嘘をついた。それからご飯を食べるようになり、日に日に成長したが、生母に会うことは二度とかなわなかった。

劉夫妻は松田さんに「劉桂芝」と名付け、「領弟」というあだ名も付けた。子どものこ

ろの記憶はあいまいだが、はっきりと覚えているのは、養父母が自分を可愛がってくれたことだ。一九四七年に弟が生まれても、それは変わらなかった。

養母は、一九五〇年に二番目の娘を産んでから病気になってしまった。たくさんの子どもを育てるのが難しくなり、生まれたばかりの妹は人に託すしかなかった。十歳になったばかりの松田さんは事情が分からなかったが、「妹を連れていかないで」としきりに叫んでいたという。

二年後、養父母が相次いで病気で亡くなった。十二歳の松田さんはまた孤児となり、弟、妹と助け合いながら生活した。

一九五四年、養父の兄が三人を山東省の実家へ引き取った。「当時伯父の家は生活が苦しかったが、伯父と伯母、いとこのお姉さんは私たちの面倒をよく見てくれた」。松田さんはこう振り返った。その後妹が病気で亡くなり、弟は世界でたった一人の家族になった。

一九五九年、松田さんは国家の呼びかけに応じ、黒竜江省の北大荒密山青年ダムの建設に関わった。一九六〇年一二月にダムが完成すると、虎林県の製材所に勤め、その後東方紅林業局に勤務した。再び黒竜江に戻った松田さんが一番心配していたのは、山東省の家にいる弟のことだった。

十年の兵役を終えた弟は、そのまま大慶に残って民間の職に就いた。一九八六年、松田さんは東方紅林業局を病気で退職し、一九九〇年に家族と日本へ帰国した。

松田さんにとって、夫と子どもを除くと、家族はやはり弟だけだという。帰国後は大慶に住む弟に会うため毎年中国に行っている。「血は繋がっていないが、私たちの兄弟愛は血縁を超えている」。日本で地震が起こると、弟は毎回すぐに電話をくれるという。「姉さん、そっちは大丈夫?」。二〇一一年に東日本大震災が起こった時も電話をくれた。「姉さんの所は放射能があるからこっちに戻ってきた方がいいよ」

中国国民の広くて善良な心

「養父母は苦労して私を十歳まで育ててくれ、学校に通わせてくれた。並大抵の苦労ではなかったと思う。母親になってから、養父母の苦労がますますよく分かる」

「広くて善良な心を持った中国人のような人たちは、どこの国にでもいる訳ではないと思う。日本は帝国主義により中国侵略をした際、家を焼き、殺人を犯し、掠奪して悪事の限りを尽くした。どうして憎まずにいられるだろうか。それなのに中国人は日本の孤児を見て『子どもに罪はない、私たちで育てよう』と言ったのだ」。松田さんは感激で胸がいっぱいの様子だった。

松田さんの記憶の中では、養父母が自分の肉親だ。八歳か九歳の頃、近所の子どもに「お前は小日本(日本人の蔑称)だ」と言われると、養母は必ずその子どもの親を訪ね、よくしつけるように言った。それと、養母のこの言葉もよく覚えている。「あの子たちのでたらめに耳を貸さないで。何が日本の子どもだ、戦後たくさんの日本の子どもが中国に残されたのは確かだけど、お前は私が産んだ子だよ」

松田さんには心残りが二つある。一つは自分の本当の名前を知らないこと、もう一つは養父母のお墓が見つかっていないことだ。松田さんは仏壇を設置して養父母の位牌をまつることを弟と約束した。中国の養父母から受けた恩を後世まで伝えるためだ。

養父の写真は持っておらず、養母の写真を一枚だけ持っている。壁の大半を占めているのは養母の写真と中国の親族の写真だ。「この写真が撮影されたのは百年前。この女の子は小さい頃の養母。これはいとこのお姉さんで、山東にいた時に私たちの面倒をよく見てくれた。これは伯母で、毎年ハルビンに会いに行っている……」。松田さんは中国の親族のわずかな記憶を大切にしている。

どんな時も、中国の養父母を忘れない

日本へ帰国しても、残留孤児のほとんどは中国の春節を祝う。二〇〇八年、ある残留孤児の家族が『説句心里話』の替え歌を作った。松田さんは他の残留孤児と同じく、この歌をとても気に入っている。六十歳を過ぎた松田さんにとって、日本語の言葉は何度覚えても忘れてしまうが、この歌は二日で歌えるようになった。これはただの歌ではなく、自身の数十年にわたる心の内面が描かれているからだ。

著者の前で『説句心里話』を歌い終わると、松田さんは感激した様子で語った。「どんな時も、中国で受けた恩を忘れない。養父母がいなかったら、今日という日を迎えることはできなかった。この恩を子や孫に伝え、中国と良い関係を続けてほしい。私は孤児になってしまったので、二度と戦争が起きないよう願う」

自分が残留孤児になったことをどのように感じるかと尋ねたところ、松田さんは何度も

強調した。「二〇一五年に戦後七十年を迎えた。私たちは平和を望み、戦争に反対する。私たちは戦争の被害者で、残留孤児となった。戦争被害者をこれ以上生み出してほしくない」

二〇一三年、松田さんは娘と孫を連れてハルビンの「侵華日軍第七三一部隊罪証陳列館」を訪れた。小学六年生の孫は、展示を見終わった後驚いていた。「日本軍は残酷すぎる。戦争のことは祖母と母からよく聞かされていたが、展示を見て、日本の帝国主義が中国の人たちに大変な災難をもたらしたことが分かった。それなのに中国の人は日本人の祖母を育ててくれて、本当にすごいと思う。日本と中国がずっと友好で平和な関係を続け、戦争が永遠に起きないよう願う」

六

平和の心は時空を超える

元人民解放軍兵士　山邉悠喜子　インタビュー

普通の日本人女性が、その足で中国大陸の大部分を歩いた。彼女は大学を出てはいないが、抗日戦争の歴史について長年研究している。狭い家の中に、様々な専門書がぎっしりと並んでいる。

彼女の名は山邉悠喜子さんで、八十六歳である。

ある晩秋の午後、東京都八王子市の自宅を訪れた。

中に入り腰を落ち着けると、山邉さんは二〇一五年九月に中国政府から招きを受け参加した「中国人民抗日戦争・世界反ファシズム戦争勝利

和平之心穿越时空

刘军国

一位普通的日本女性，却用自己的双脚丈量了大半个中国；她没上过大学，却一直在研究日本侵华战争的历史。家里狭窄的空间，摆满了此类各种图书。

她叫山边悠喜子，今年86岁。

一个深秋的午后，笔者乘坐一个多小时的火车，如约来到东京都八王子市的山边家中。

一进门，刚坐下，山边立刻拿出自己受邀参加9月3日在北京举办的纪念中国人民抗日战争暨世界反法西斯战争胜利70周年大阅兵的纪念册，给笔者看。虽然已过去两个多月，山边依然兴奋不已。"我非常荣幸亲眼见到习近平主席，亲耳听到他讲话。"她一边翻着纪念册，一边沉浸在喜悦中。

"杂粮粥会再也无法举办了"

1929年1月10日，山边悠喜子生于东京。1941年随家人来到中国东北地区，与做电话技师的父亲团聚。1945年，刚满16岁的山边悠喜子加入了东北民主联军。此后，山边作为护士跟随解放军大部队一路向南，从辽宁一直打到广东、广西、贵州。

"当时交通没有现在方便，行军都是靠两条腿。"回首过去，山边将笔者带入往昔的峥嵘岁月……

"你知道白山黑水是什么意思吗？"联想到山边曾经在中国东北地区生活过的经历，笔者不假思索地答道，"长白山和黑龙江"。

笔者的回答，山边既没有否定也没有肯定，而是讲述了这样一个故事：

当年山边有一个战友，大家都称他"李班长"。在聊天中，山边问李班长为什么加入东北抗日联军。最初李班长并不愿意回答这名日本战友的问题。有一天，李班长对山边说，我们的家乡冬天大雪覆盖，山上山下一片白茫茫。一到春天，随着一声又一声"咕咚咕咚作响"，山上冰雪开始融化。雪水流淌在黑色的土地上，我们也开始一年的耕作。原本，我们年复一年地过着平静幸福的生活。然而，日本侵略者来到我们的家乡，抢占了我们的土地……

董华伟绘

虽然已过去70多年，但山边依然清晰地记得李班长当年对她说过的话以及说话时的神情。"我们已经在那块土地上耕作了很多年，日本霸占了我们土地，还声称'开拓'，太无耻了。"

白山黑水的意义不言而喻。山边希望用这个词让大家记住那段历史——日本政府当年曾将几十万日本人迁移到中国东北等地，霸占中国的土地。

1953年3月，山边悠喜子乘船回到日本，时隔8年后与父母重聚。她对笔者说："我对部队有感情，希望永远留在中国。本以为那次回日本只是暂时的，可是因为要赡养年迈的父母，客观条件不允许，只好留在日本了。"

山边悠喜子等人回到日本之后，生活比较艰辛。大家为生计奔波，难以相聚。大概20年前，随着进入老龄开始退休，山边悠喜子等日籍解放军战士每年9月18日都要聚在一起，喝一喝用中国东北杂粮熬制的米粥。"喝粥目的在于永远牢记那段历史，避免悲剧重演。"

去年的这一天，山边早早准备好一大锅杂粮粥等待大家来喝，到中午时分还没有一个人到来。山边挨个打电话才得知，当年那些老战友大多已过世，只有自己与住在千叶县姓内田的护士长还健在，但她住进养老院，已无法自由活动了。"杂粮粥会再也无法举办了"，山边的话语中充满遗憾与怀念。

"历史不能被淹没"

上世纪80年代初的某一天，当看到日本一家报纸介绍日本作家森村诚一所著、揭露731部队的《恶魔的饱食》一书后，山边开始关心有关731部队的最新线索。

此后，山边与侵华日军731部队罪证陈列馆前馆长韩晓一起走访、调查了不少有关侵华日军细菌战的遗迹，很多遗迹都已得到妥善保存，但山边一直挂念着一处可以证明侵华日军罪行的遗迹——枯井中的一副脚镣。

山边告诉笔者，那个遗迹位于黑龙江省五常市背荫河镇一个村落。当年，日本侵略中国期间，为了实施细菌战研究，抓了很多无辜中国民众。一年初秋，背荫河中马城发生了越狱暴动，多名中国民众逃脱魔窟。其中，一位老乡费尽力气将一名逃跑民众的脚镣打开。为了防止被日军发现，把脚镣丢到井里。"日本投降已经70年，当年战争的亲历者相继离世，但这段历史不能被淹没，希望当地政府能够在搁置铁脚镣的那座井边设置一个标识，让各国人民都能够铭记这段历史。"

年过八旬的山边特别盼望去中国，希望一直在中国生活。现在，她最想去的地方是当时辽宁省的一个村子。

当年，山边跟随解放军一起来到辽宁省一个偏僻的小村落。那里雨水稀少，无法种庄稼。当地村民就靠祖辈留下的红枣树上结出的果实卖钱糊口。但是，残忍的日本侵略者占领那个村子时，却把村民的命根子夺走了——将红枣树砍倒当柴烧。

山边仍然记得，当年那个村子里留下了无数个枣树墩子。村民细心地呵护着树墩边上冒出的嫩芽。山边说，那些树墩是日本侵略中国、给中国人民造成伤害的历史罪证。那树芽也不是普通的树芽，而是村民生活的希望。

当时正处于战争环境中，山边没有记住那个村子的名字，却一直萦绕于心。后来，她曾想方设法托朋友打听，一直未果。山边希望有生之年能够打听到村子的名字，再去看看那些从老枣树墩上冒出的嫩芽是否已长成参天大树。

采访结束后，笔者将要离开时，山边老人端出自己亲手熬制的粥说，"你家里的晚饭好吃，但还是请喝完粥再走吧。"笔者欣然坐下，与老人一起喝了两碗粥。

后来，听一位日本朋友说，为了节省时间，山边常常一包方便面掰成几块泡着吃，因为她几乎天天都要坐在办公桌前。这位仅仅上过中学的老人，其狭窄的房间内堆满了书籍，她埋首其间，只为一个心愿：整理研究731部队等日军侵略罪证。"细菌战是日本对中国人民犯下的滔天罪行，危害严重，影响持久。我不知道还能活多久，希望在世的时候能够把此前的调查，整理出来成文出版。"山边对笔者说。

望着年迈的老人，衷心祈愿：追求和平之心，穿越时空……

七十周年記念閲兵式」のパンフレットを見せてくれた。参加から二か月以上経っているが、未だ興奮冷めやらぬ様子であった。「習近平国家主席にお目にかかり、演説を聴くことができてとても幸せだ」。パンフレットをめくりながら、喜びに浸っていた。

雑穀がゆの会が開けなくなった

一九二九年一月一〇日、山邉悠喜子さんは東京に生まれた。一九四一年、家族に連れられて中国東北部へ来て、そこで電話技師をしていた父親と再会した。一九四五年、十六歳になったばかりの山邉さんは東北民主連軍に加わった。その後、看護員として人民解放軍の大部隊と共に南下し、遼寧省から広東省、広西省、貴州省までを転々とした。

「当時は交通がいまほど発達しておらず、行軍はすべて徒歩だった」。山邉さんは過去を思い起こし、激動の時代へ連れていってくれた……

ふいに「白山黒水」の意味を尋ねられた。中国東北部で暮らしていた山邉さんの経歴に思い至り、即座に「長白山と黒竜江」と答えると、否定も肯定もせず、あるエピソードを語ってくれた。

当時山邉さんには「李班長」という呼び名の戦友がいて、雑談の時間、李班長に東北抗日連軍へ入ったいきさつを聞いた。初め李班長は日本人の戦友の問いに答えたくない様子だったが、ある日話してくれた。「うちの田舎は、冬は雪で覆われ、山はどこもかしこも真っ白になる。春が来ると、どしん、どしんと音がして山の氷雪が解け始める。雪解け水が黒い大地に流れると、一年の耕作が始まる。もともと自分たちはくる年もくる年も静かで幸せに暮らしていた。それなのに、日本軍がやってきて土地を奪った……」

それから七十年以上が経つが、山邉さんは李班長の話とその時の表情をはっきりと覚えている。「長年耕作してきた土地を日本が占領し、それを『開拓』と言う。何とも恥知らずな振る舞いだと思う」

「白山黒水」の意味は言うまでもなく、李班長の語った中国東北部の美しい景色のことだ。山邉さんは皆がこの言葉を胸に刻み、悲惨な歴史を忘れないでほしいと願っている。日本政府は当時数十万の日本人を中国東北部などに移住させ、土地を奪ったのだ。

一九五三年三月、山邉さんは船で日本に帰り、八年ぶりに両親と再会した。「部隊には思い入れがあり、ずっと中国に残りたいと思っていた。一時帰国のつもりだったが、高齢の両親の面倒を見なければならず、中国に戻るわけにはいかないので、日本に留まるしかなかった」

仲間と帰国してからの生活は苦しいものだった。それぞれが自分の生活のために奔走し、なかなか集まることができなかった。二十年ほど前から、定年退職したのをきっかけに、山邉さんなど元人民解放軍戦士が毎年九月一八日に集まり、中国東北部の雑穀がゆを作って食べるようになった。「おかゆを食べる目的は、あの歴史を心に刻み、悲劇を繰り返さないことにある」

二〇一四年九月一八日、山邉さんは朝早くから大きな鍋に雑穀がゆを作ってみんなのことを待っていたが、お昼になっても誰一人来ない。その後電話を受けて初めて知った。その年古い戦友の多くが亡くなり、千葉県に住む内田さんという看護師長だけが健在だったが、老人ホームにいて自由がきかない体になっていたのだ。「雑穀がゆの会が開けなくなってしまった」。その言葉からは、心残りと懐かしさが伝わってきた。

になった。

歴史を埋もれさせることはできない

一九八〇年代初めのある日、七三一部隊の事実をあばいた森村誠一『悪魔の飽食』の書籍紹介を新聞で目にし、山邉さんは七三一部隊に関する新たな手がかりに興味を持つようになった。

その後、侵華日軍第七三一部隊罪証陳列館・前館長の韓暁さんと、日本軍の細菌戦研究の遺跡を訪ね、調査した。多くの遺跡が適切に保存されていたが、山邉さんは日本軍の罪証を裏付ける、ある遺留品——涸れ井戸の中に入った足かせ——が気になった。

その足かせは、黒竜江省五常市背蔭河鎮のとある村にある。当時、中国侵略をした日本軍は、細菌戦の研究をするため、罪のないたくさんの中国の人々を捕らえた。その年の初秋、背蔭河中馬城で暴動が起き、たくさんの中国人が悪魔の巣窟から逃げ出した。その最中、ある農民が逃げてきた人の足かせを力ずくで外した。その足かせを、日本軍に見つからないように井戸に捨てたのである。「日本が降伏して七十年が経ち、戦争経験者は相次いで他界しているが、この歴史を埋もれさせることはできない。足かせが放置された井戸のそばに、地元政府が案内板を設置し、各国の人がこの歴史を忘れないようにしてほしい」

八十歳を越えた山邉さんは中国に行くことを望んでおり、かなうことならまた中国に住みたいと思っている。いま一番行きたいと思っているのは遼寧省のある村だ。

かつて山邉さんは人民解放軍について遼寧省の僻村にやって来た。そこは雨が少なく、作物が育たない土地だった。村民は先祖が残したナツメの木の実を売って糊口をしのいでいた。しかし残忍な日本軍が村を占領し、村民の命綱を奪っていった――ナツメの木を切り倒して薪にしてしまったのだ。

当時その村に無数のナツメの切り株が残っていたのを、山邉さんは覚えている。村民は切り株に生えた新芽を慎重に保護していた。その切り株は、日本軍が中国を侵略し、中国の人々に損害を与えた歴史的罪証になるという。その木の芽はただの木の芽ではなく、村民の生活の希望だったのである。

戦時中で村の名前を忘れてしまい、そのことがずっと気がかりだった。あれこれ手を尽くして友人に調べてもらったが、未だ分からずじまいである。山邉さんは生きているうちに村の名前を突きとめ、ナツメの切り株に生えていたあの芽が大きな木に育ったかどうかを見届けたいと思っている。

取材が終わり帰ろうとすると、手作りのおかゆを運んできてくれた。「あなたの晩ご飯の方がおいしいと思うが、おかゆを食べてから帰ってほしい」。そこで喜んで座り直し、一緒におかゆをごちそうになった。

その後、日本の友人から聞いた話では、時間の節約のため、山邉さんは袋ラーメンを何個かに割って少しずつ食べているという。ほぼ毎日机に向かう必要があるからだ。中学しか出ていない高齢女性が、狭い部屋で山積みの本に囲まれ、頭をうずめている。「七三一部隊などの日本軍の侵略の罪証を整理し、研究する」というたった一つの願いのために。「細菌戦の研究は、日本軍が中国の人々に対して犯した重大な犯罪で、被害は大きく、長い間影響を及ぼしている。あとどれくらい生きられるか分からないが、生きているうちにこれまでの調査を整理して出版したい」

齢を重ねた女性が心から願っている。平和への追求心が、時空を超えて未来に続いてほしいと……

あとがき

二〇一九年一〇月一日、中華人民共和国成立七十周年という節目を迎え、謹んでお祝いを申し上げます。

中国の国内総生産（ＧＤＰ）は建国当初の六百億人民元あまりから上昇を続け、二〇一八年には九十兆人民元の大台に乗った。世界第二の経済大国という揺るぎない地位を確立し、世界最大の工業国、貨物貿易国となり、研究開発費は世界第二位にまで上り詰めた。そのため世界の経済成長において大きな影響力を有し、その貢献度は近年三〇％に及んでいる。

中華人民共和国成立以来、いろいろな困難を乗り越え、中国の特色ある社会主義の道をゆるぎなく歩み、新たな局面を絶えず切り開き、中国人民は国家、社会、自身の運命の主人公となり、幸せな「小康生活（ややゆとりある生活）」を享受できるようになった。新中国成立当初から二〇一八年にかけて、一人当たりＧＤＰは百十九人民元から六万四六四四人民元に増加し、一人当たり平均可処分所得については、都市部は百人民元未満から三万九二五一人民元、農村部は五十人民元から一万四六一七人民元に増加した。このように人民生活は改善を続けている。特に改革開放の四十年あまりで農村部の七億人以上が貧困から脱却し、貧困率は九七・五％から一・七％にまで減少し、人類の貧困削減において奇跡的な進歩を遂げた。世界の貧困削減事業に対する中国の貢献度は七〇％を上回っている。

中国は日増しに世界の舞台の中央へと近付き、国際上の存在感や影響力が高まっている。中国と国交を結ぶ国は、新中国成立当初の十数か国から現在の百七十八か国へと増加した。新型国際関係の建設、グローバル・ガバナンス・システムの変革、「一帯一路」の国際協力、人類運命共同体の構築……あらゆる面において大国外交としての特色、風格、気概に満ちており、世界の平和的発展のために中国の構想と知恵を提供した。

一衣帯水の隣国として、中日両国は一九七二年に国交正常化を果たして以来、長きにわたって発展してきた。両国双方の年間貿易額は三千億ドルを超え、一週間当たりの旅客定期便は一千便を超え、年間往来者数は延べ一千万人を上回っている。

私は日本で政治や経済、学術、文化など各界の人物を取材したが、「新中国の七十年の成果は誰の目にも明らかである」という考えにおいて皆共通していた。この成果は中国人民が勤勉に汗を流し、知恵と勇気、改革と革新をもって努力した結果なのだと、彼らは口をそろえて言う。

九六〇平方キロメートルの国土、十四億近い人口、五千年の文明史。これは中国を示す最も基本的なデータであり、自国の発展道路、理論、制度、文化に対する自信の源泉だ。

歴史の望遠鏡と時空の拡大鏡を手に取って、中華人民共和国成立七十年の歴史を振り返り、私たちは再び旅支度を整えて長い旅へ出る。泰然と希望を抱き、自信に満ちあふれた、固い意志でもって前進する。また、私たちは特色ある社会主義の発展における歴史的・理論的・実践的な論理をさらに深く理解・把握する。進むべき正しい方向をしっかりと定める。そして人民のために幸福を図り、民族のために復興し、世界の大同社会（孔子が描いた自由で平等な理想社会）の構築に向けてたゆまず努力していく。

本書の出版にあたり、まず取材をお受け頂いた皆様に御礼を申し上げる。また、人民日報社の上司や同僚、中華人民共和国駐日本国大使館および各総領事館、日本駐在の中国各メディアの皆様に大変なご指導とご支援をいただき、深く御礼を申し上げる。日本僑報社代表の段躍中氏、段景子氏および本書の出版に尽力して頂いた皆様に、心より感謝申し上げる。最後になるが、長年仕事一筋でわがままな私をいつも温かく見守り支えてくれた両親、義理の両親、妻と我が息子に、この場を借りて「謝々」と申し上げる。

本書を中華人民共和国成立七十周年に捧げる。

二〇一九年八月吉日　東京にて

劉軍国

本書に掲載された主な日本人名一覧

福田　康夫
福田　赳夫
横井　裕
高倉　健
中野　良子
細川　護熙
二階　俊博
仮谷　志良
安倍　晋三
大平　正芳
渡辺　満子
田中　角栄
進藤　孝生
華井　満
古屋　明
矢島　浩一
小久保憲一
横尾　定顕
河野　太郎
中西　宏明
谷井　昭雄
松下幸之助
今井　誠司
杉山　龍雄
中西　稔
後藤　雄次
紀本慎一郎
松井　一郎
長榮　周作

土井　英二
関　健一
岩木　均
初田　竜也
椋田　哲史
林　千恵
越智　優
橘　定昭
増井　敦
西田　実仁
中村　紀子
小林　雄河
中森　菜実
宮本　飛悠
遠藤　優一
林　芳正
近藤　昭一
上原　勝
金城　星輝
照屋佐和子
玉城　雅夫
菱川　湧輝
中瀬古　健
船田　茂樹
岩本　健吾
伊佐　進一
小島　康誉
原　麻由美
中関　令美

谷垣真理子
渋谷宗之介
宮本　雄二
小嶋　心
安藤　弘人
瀬野　清水
塩浜　雅之
小池百合子
浅野　健一
宮本　勝浩
長谷川修治
金子　良則
佐藤　知生
祝　雅之
品川　三郎
難波千穂美
平林　孝之
小林さゆり
杉本　茂
高野　早苗
奥村　知記
鈴木百合子
津田　忠彦
自　由　美
池野　恵
江原　孔江
石丸　恭一
清水哲太郎
中村　保彦

加藤亜好美
秋岡　家栄
園田　直
穂積　七郎
秋岡　栄子
横尾　博
岡田　卓也
藤嶋　昭
井口　洋夫
大西　広
江原　規由
進藤　榮一
加藤　青延
三潴　正道
小林　寛澄
小林　清
前田　光繁
小林　武夫
岡田　義雄
小林　陽吉
宮崎　慶文
菅原　満子
大道　武司
大道熊太郎
松田　桂子
山邉悠喜子
森村　誠一

（掲載順、敬称略）

著者　**劉 軍国**（りゅう ぐんこく）

人民日報 駐日本記者。

1986年山東省青州市生まれ。北京外国語大学北京日本学研究センター日本社会経済コース修士修了、学位取得。在学中に客員研究員として横浜国立大学で研究した。2011年12月～2016年1月、2017年11月～現在の二回、人民日報記者として日本駐在。

訳者　**日中翻訳学院**

日中翻訳学院は、日本僑報社が2008年9月に設立した、よりハイレベルな日本語・中国語の出版翻訳プロ人材を育成し、即戦力を生み出すスクール。

http://fanyi.duan.jp/

冨江 梓（とみえ あずさ）

1983年岩手県盛岡市生まれ。東北大学文学部中国文学専攻卒業。在学中に台湾中山大学へ交換留学。卒業後はIT企業を経てフリーランス翻訳者。日中翻訳学院修了。

翻訳協力：日中翻訳学院 亀井 英人、日中翻訳学院 荒谷 菜穂

日本各界が感動した新中国70年の発展成果

温故創新

人民日報駐日本記者現地取材報告集

2019年9月26日　初版第1刷発行

著　者　　劉 軍国（りゅう ぐんこく）

訳　者　　日中翻訳学院 冨江 梓（とみえ あずさ）ほか

発行者　　段 景子

発売所　　日本僑報社

〒171-0021 東京都豊島区西池袋3-17-15

TEL03-5956-2808　FAX03-5956-2809

info@duan.jp

http://jp.duan.jp

中国研究書店 http://duan.jp

2019 Printed in Japan.　　ISBN 978-4-86185-284-8　　C0036

SUPER CHINA

～超大国中国の未来予測～

2020年までに中国がどのような発展を目指し、その進捗はどうかなどを、国際比較が可能なデータを用いながら論じる。米国で出版され世界的に話題となり、インド、韓国、中国でも翻訳版が出版された世界的話題作の邦訳版。ヒラリー・クリントン氏推薦、中国の実態と世界への影響を読み解く一冊、日本初上陸！

定価 2700円＋税　ISBN 978-4-9909014-0-0

中国の百年目標を実現する

第13次五カ年計画

2016～2020年までの中国の目標を定めた「第13次五カ年計画」の綱要に関して、十三五計画専門家委員会委員である胡鞍鋼氏がわかりやすく紹介。中国の今と将来を知るための必読書。

定価 1800円＋税　ISBN 978-4-86185-222-0

中国のグリーン・ニューディール

「持続可能な発展」を超える「緑色発展」戦略とは

エコロジー活動と経済成長を両立する「グリーン・ニューディール」の中国的実践とは？　世界が注目する中国の「緑色発展」を詳説する。

定価 2300円＋税　ISBN 978-4-86185-134-6

中国の発展の道と中国共産党

中国の歴史的状況から現在の発展に至るまで、中国共産党がどのような役割を果たしたのかを全面的かつ詳細に分析。中国の発展の全体像を見渡すにあたって必読の一冊。

定価 3800円＋税　ISBN 978-4-86185-200-8

2050年の中国

習近平政権が描く超大国100年の設計図

アメリカに並ぶ超大国に向けて発展を続ける中国が2050年に目指す「社会主義現代化強国」とは？ 壮大かつ詳細なロードマップを明らかにした第一級の論考、初邦訳版！

定価 2050 円＋税 ISBN 978-4-86185-254-1

習近平主席が提唱する新しい経済圏構想

「一帯一路」詳説

ビジネスパーソン必読！　習近平国家主席が提唱する新しい経済圏構想「一帯一路」について、その趣旨から、もたらされるチャンスとリスク、さらには実現に向けた方法まで多角的に解説。

定価 3600 円＋税　ISBN 978-4-86185-231-2

中国集団指導体制の「核心」と「七つのメカニズム」

―習近平政権からの新たな展開―

習体制下の集団指導体制の七大メカニズムを分析。2017年秋の第19回党大会で決定された中国新体制の重要ポイントを理解するための必読書！

定価 1900 円＋税 ISBN 978-4-86185-245-9

習近平政権の新理念

―人民を中心とする発展ビジョン―

「新常態」の下で進められる中国の新ガイドライン「六大発展理念」を清華大学教授胡鞍鋼氏がわかりやすく解説。中国の今とこれからを知る一冊。

定価 1900 円＋税 ISBN 978-4-86185-233-6

日本僑報社のおすすめ書籍

第13回　中国人の日本語作文コンクール受賞作文集

日本人に伝えたい中国の新しい魅力

―日中国交正常化 45 周年・中国の若者からのメッセージ

段躍中 編著　好評シリーズ
2000 円＋税
ISBN　978-4-86185-252-7

毎年12月刊行！

第1回　忘れられない中国滞在エピソード 受賞作品集

心と心つないだ餃子

伊佐進一、小島康誉 他 共著
2200 円＋税
ISBN　978-4-86185-265-7

日本人のリアル中国滞在模様を届ける新シリーズ。

毎年12月刊行！

忘れられない中国留学エピソード　日中対訳

难忘的中国留学故事

近藤昭一、西田実仁 他 共著
2600 円＋税
ISBN　978-4-86185-243-5

入賞作を含め計 48 本を収録。日本人のリアル中国留学模様を届ける！

日中語学対照研究シリーズ

中日対照言語学概論

―その発想と表現―

高橋弥守彦 著
3600 円＋税
ISBN　978-4-86185-240-4

中日両言語の違いを知り、互いを理解するための一助となる言語学概論。

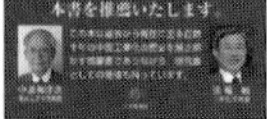

中国工業化の歴史

―化学の視点から―

峰毅 著
3600 円＋税
ISBN　978-4-86185-250-3

中国近代工業の発展を、日本との関係を踏まえて化学工業の視点から解き明かした歴史書。

屠呦呦　中国初の女性ノーベル賞受賞科学者

『屠呦呦伝』編集委員会 著
町田晶 監訳　西岡一人 訳
1800 円＋税
ISBN　978-4-86185-218-3

画期的なマラリア新薬を生み出し、人類をその死に至る病から救った女性研究者の物語。

李徳全

――日中国交正常化の「黄金のクサビ」を打ち込んだ中国人女性

程麻・林振江 著
林光江・古市雅子 訳
1800 円＋税
ISBN　978-4-86185-242-8

戦犯とされた日本人を無事帰国。日中国交正常化18年前の知られざる秘話。

温家宝の公共外交芸術を探る

温家宝公共外交藝術初探

段躍中 企画　日中対訳
趙新利 著
多田敏宏 訳　2500 円＋税
ISBN　978-4-86185-123-0

温家宝総理が主に日本を対象として行った公共外交活動を詳細に分析。
福田康夫元総理 推薦！

WEN JIABAO
投手 背番号 35

光輝国際 企画
酒井茂孝、周駿健、董廷玉 著
1900 円＋税
ISBN　978-4-86185-058-5

温家宝総理の日本訪問、立命館大学の学生たちとの「野球交流」エピソード。

35号投手温家宝

光輝国際 企画
酒井茂孝、周駿健、董廷玉 著
1500 円＋税
ISBN　978-4-86185-068-4

『WEN JIABAO　投手背番号35』の中国語版。

二階俊博 全身政治家

当選12回を数える現役衆議院議員、二階俊博。彼はなぜ、年と共に「進化」と「深化」を続けられるのか。その「全身政治家」の本質と人となりに鋭く迫る最新版本格評伝。

石川 好 著　定価2200円＋税　ISBN978-4-86185-251-0

二千年の歴史を鑑として

近現代史の一部だけを見るのではなく、隣国同士仲良くやってきた日中2000年の歴史を鑑とする。21世紀における日中民間交流のあり方をテーマにした、笹川陽平氏による日中両国語の書。

笹川陽平 著　定価1200円＋税　ISBN978-4-931490-64-2

「ことづくりの国」日本へ

そのための「喜怒哀楽」世界地図

新装版

ものづくりの国からことづくりの国へ。鉄道旅行で知られる俳優・関口知宏氏が世界中を旅して得られた驚くべき世界観が凝縮！

イラスト・毛筆文字 全て関口氏オリジナル

関口知宏 著　定価1800円＋税　ISBN978-4-86185-266-4

新疆世界文化遺産図鑑

永久保存版

世界遺産となったシルクロードから、新疆の6遺跡を高精度フルカラーの迫力ある大型写真で収録。東西の歴史が出会う交易路、シルクロードの光彩を巡る。

小島康誉ほか主編　定価1800円＋税　ISBN978-4-86185-209-1